JN402045

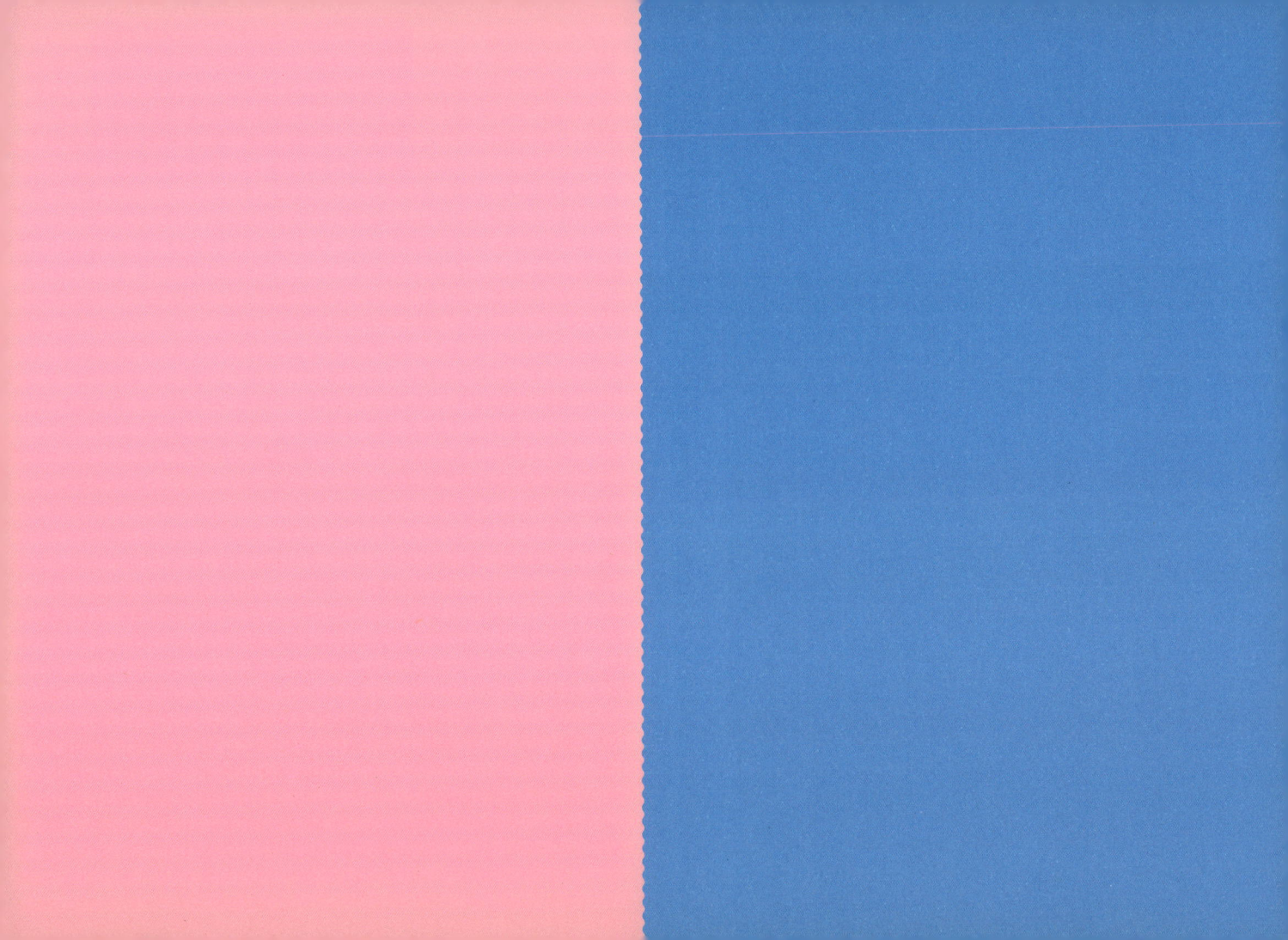

놀자 놀자 해랑 놀자

놀이로 배우는 **24**절기의 지혜

글
강윤자
박은하
손종례   그림
유종반   장서윤

목수책방
木水冊房

이 도서의 국립중앙도서관
출판예정도서목록CIP은
서지정보유통지원시스템
홈페이지http://seoji.nl.go.kr와
국가자료종합목록 구축시스템
http://kolis-net.nl.go.kr에서
이용하실 수 있습니다.
(CIP제어번호˚: CIP2020031354)

008 들어가는 글

1
시작하는 놀이
절기란 무엇일까요?

018 사계절도 절기도 '해님'의 다른 이름입니다
019 절기놀이, 이렇게 진행하세요
020 **시작하는 놀이** 절기랑 놀자 – 해님의 이름은

2
봄 절기놀이

026 **입춘** 드는봄 – 봄을 어떻게 맞이할까요?
028 입춘 절기놀이 1 입춘 씨앗 고르기
031 입춘 절기놀이 2 입춘 솟대를 만들자

034 **우수** 봄부름비 – 봄에는 어떤 준비를 해야 하나요?
035 우수 절기놀이 1 언 땅을 풀어 보자
038 우수 절기놀이 2 봄을 찾아라

042 **경칩** 깨어날봄 – 왜 겨울잠에서 깨어나야 할까요?
044 경칩 절기놀이 1 하나, 둘, 셋, 경칩!
047 경칩 절기놀이 2 경칩이야, 깨어나!

051 **춘분** 온봄 – 봄은 어떤 계절일까요?
053 춘분 절기놀이 1 아직 꽃샘추위야
055 춘분 절기놀이 2 밖으로 안으로

058 **청명** 밝은봄 – 무슨 꽃을 피울까요?
060 청명 절기놀이 1 열매 맺어라
062 청명 절기놀이 2 ○○나무에 싹이 났습니다

066 **곡우** 씨앗비 – 무슨 씨앗을 심을까요?
068 곡우 절기놀이 1 말씨앗 심기
071 곡우 절기놀이 2 웃는 얼굴, 찡그린 얼굴
075 곡우 절기놀이 3 좋은 마음밭을 만들어요

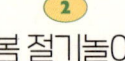

여름 절기놀이

- **080** 입하   드는여름 - 여름을 어떻게 맞이할까요?
- **082** 입하 절기놀이 1   열매가 열렸어요
- **084** 입하 절기놀이 2   햇볕이 되어 주자

- **088** 소만   초록가득 - 내 안에 무엇을 채울까요?
- **090** 소만 절기놀이 1   나뭇잎 속으로 쏙쏙
- **092** 소만 절기놀이 2   햇빛을 받아요

- **096** 망종   풀씨가을 - 풀들은 왜 일찍 열매를 맺나요?
- **098** 망종 절기놀이 1   보리 베기
- **100** 망종 절기놀이 2   참새야 참새야 뭐하니

- **105** 하지   온여름 - 여름은 어떤 계절일까요?
- **107** 하지 절기놀이 1   '해' 따 먹자
- **109** 하지 절기놀이 2   하지 속으로
- **111** 하지 절기놀이 3   해님 얼굴을 그려요

- **114** 소서   작은더위 - 더위는 왜 찾아올까요?
- **116** 소서 절기놀이 1   열매야 쑥쑥 커라
- **119** 소서 절기놀이 2   더위 모시러 왔지

- **122** 대서   큰더위 - 어떻게 더위를 즐길 수 있을까요?
- **123** 대서 절기놀이 1   더위를 즐겨라
- **125** 대서 절기놀이 2   더위는 내 친구

4 가을 절기놀이

130 **입추** 드는가을 – 가을을 어떻게 맞이할까요?
132 **입추 절기놀이 1** 땅을 식혀라
134 **입추 절기놀이 2** 더위를 식히는 비 지우개

138 **처서** 가는더위 – 가을은 어떻게 올까요?
141 **처서 절기놀이 1** 뭉게구름과 귀뚜라미 타고 가을로 출발
143 **처서 절기놀이 2** 이제 가을이야

147 **백로** 맑은이슬 – 열매는 어떻게 익을까요?
149 **백로 절기놀이 1** 포도 한 알 속에는
152 **백로 절기놀이 2** 이슬 속으로 풍덩

155 **추분** 온가을 – 익은 열매는 어떤 모습일까요?
157 **추분 절기놀이 1** 낮과 밤이 같아요
159 **추분 절기놀이 2** 열매가 익어 가요
160 **추분 절기놀이 3** 열매들의 수다

163 **한로** 찬이슬 – 열매 속에는 무엇이 들어 있을까요?
165 **한로 절기놀이 1** 찬이슬이 열매를 익혀요
167 **한로 절기놀이 2** 열매를 익혀라

171 **상강** 서리내림 – 단풍잎에는 무엇이 써 있을까요?
173 **상강 절기놀이 1** 수고 했어요, 모두들
176 **상강 절기놀이 2** 서리 맞고 낙엽지다
178 **상강 절기놀이 3** 단풍잎 해바라기

⑤ 겨울 절기놀이

- **182** 입동　드는겨울 – 겨울을 어떻게 맞이할까요?
- **184** 입동 절기놀이 1　낙엽이불 속으로 쏙
- **186** 입동 절기놀이 2　따뜻한 겨울을 준비해요

- **190** 소설　물얼음 – 겨울은 어떤 계절인가요?
- **192** 소설 절기놀이 1　추위도 괜찮아
- **194** 소설 절기놀이 2　동물들의 겨울나기
- **195** 소설 절기놀이 3　다람쥐의 겨울 준비

- **199** 대설　눈내림 – 나무는 겨울을 어떻게 날까요?
- **201** 대설 절기놀이 1　겨울눈 속에 다 있어요
- **202** 대설 절기놀이 2　겨울눈왕

- **206** 동지　온겨울 – 한 해를 어떻게 마무리할까요?
- **208** 동지 절기놀이 1　동지제, 동지야 놀자
- **210** 동지 절기놀이 2　동지 팥죽 쑤어 보자

- **213** 소한　센추위 – 추위는 왜 찾아올까요?
- **215** 소한 절기놀이 1　추위 모셔 오기

- **218** 대한　끝추위 – 추운 겨울을 어떻게 보내야 할까요?
- **220** 대한 절기놀이 1　봄을 기다리는 씨앗
- **222** 대한 절기놀이 2　추위가 키우는 씨앗의 힘

들어가는 글

'철든 삶'으로 이끄는 절기살이

초록지렁이 유종반

산다는 것은 시간을 사용한다는 의미입니다. 하루를 사는 것은 24시간을 쓰는 것이고, 한 달을 사는 것은 30일을 쓰는 것이고, 1년을 사는 것은 365일을 쓰는 것이지요. 시간이란 '때'를 말합니다. 잘 산다는 것은 때와 때의 의미를 잘 알고 산다는 뜻입니다. 내게 주어진 삶의 때는 무한하지 않습니다. 영원하지 않다는 것입니다. 그리고 사용한 때는 다시 되돌리거나 다시 반복하며 쓸 수 없습니다. 내게 주어진 때, 기회는 단 한 번뿐입니다. 인생에는 사전답사나 연습이 있을 수 없습니다.

주어진 때를 어떻게 사용하느냐에 따라 삶의 질과 결과는 달라집니다. 누구에게나 하루 24시간이 주어지지만 살아가는 삶의 내용은 천차만별이지요. 생각 없이 준비 없이 시간을 맞이하면 의미 있고 소중한 삶을 영위할 수 없습니다. 내게 주어진 단 한 번의 삶을 어떻게 보낼 것인가에 관해 진지하게 성찰하면서 살아가는 일이 바로 '절기살이'입니다.

절기란 겨울, 봄, 여름, 가을로 흐르는 1년 주기의 큰 때와 그 안에서 흐르는 24개의 작은 때를 의미합니다. 그러나 절기는 단순히 1년을 24개의 기간으로 나눈 것이 아닙니다. 의미 없는 시간이 아니라 내 삶의 열매를 만들고 키우고 잘 익히려는 생명 기운의 흐름입니다.

나무는 추운 겨울의 때를 지나면서 씨앗 속 생명력을 단단하게 응축시켜 힘차게 새봄을 맞이합니다. 그리고 봄의 때에는 잎과 꽃을 내어서 자기 열매를 만들지요. 여름의 때에는 뜨거운 햇볕으로 자기 열매를 제 모양대로 키워 나갑니다. 가을의 때에는 여름에 키운 열매를 찬 이슬과 서리로 잘 익히지요. 이처럼 자연의 생명들은 때마다 자기 때를 알고 때에 맞는 삶을 살아가면서 자기 삶의 열매를 완성합니다.

누구에게나 봄은 옵니다. 하지만 자기 때를 미리 알고 준비한 사람만이 때를 소유하고 때의 주인이 되어 열매를 맺고 익히는 삶을 살아갈 수 있습니다. 아무리 무성한 잎과 화려한 꽃을 피웠다고 해도 잘 익은 열매를 만들지 못한 나무는 삶의 의미도 존재 가치도 없다 할 수 있습니다.

절기에 따른 나무의 삶을 사람의 삶과 비교해 보겠습니다. 인간이 태어나는 때는 봄의 때이고, 생을 마치는 때가 가을의 때입니다. 그렇다면 겨울의 때는 언제일까요? 바로 나를 태어나게 한 '부모'가 나의 겨울입니다. 그래서 인생의 절기 순서는 봄 여름 가을 겨울이 아니라 겨울 봄 여름 가을이지요. 겨울을 어떻게 준비했느냐에 따라 봄이 달라지듯이, 겨울같은 부모의 생각과 삶이 어떠했느냐에 따라 봄같은 자식의 생각과 삶이 달라지지요.

봄은 자기다움을 찾는 때입니다. 나는 이 세상에 어떤 삶을 살려고 태어났을까? 나만의 삶은 무엇일까? 내가 원하고 바라며 하고 싶은 일은 무엇일까? '나다운 삶'을 찾아야 할 때가 바로 봄의 때이지요. 연주자로 비유하면 내가 좋아하는 악기, 내게 맞는 악기를 찾는 때입니다.

여름은 나다운 삶을 크게 확장시키고 키우는 성장의 때입니다. 내가 좋아하고 내게 맞는 악기를 골랐다면 어떤 곡을 연주할지 결정하고, 자기만의 음악을 위해 부단히 갈고 닦아 자기 소리를 만들어 내야 합니다. 바로 이런 일을 하는 때가 여름이지요.

가을은 여름에 키운 열매를 제 향기, 제빛, 제맛이 나는 잘 익은 열매로 익혀 함께 나누는 때입니다. 자기만의 멋진 연주로 함께하는 사람들과 행복하게 삶의 기쁨을 나누며 살아가는 때입니다.

이렇게 나무처럼 자기 때를 알고 미리 준비하는 삶을 살아야 합니다. 때를 놓치면 그 시간이 다시 돌아오지 않기 때문이지요. 아니, 잃어버리거나 잘못 산 때는 언젠가 반드시 그 책임을 나에게 묻습니다. 때가 나를 심판하게 된다는 의미입니다.

농부가 씨앗 뿌릴 봄의 때를 놓치면 빈 쭉정이 가을을 맞이할 수밖에 없습니다. 우리는 삶의 매 순간마다 끊임없이 묻고 살아야 합니다. 나는 내 봄의 때를 어떻게 맞이하고 보냈나요? 나는 여름의 때와 가을의 때를 어떻게 맞이하고 보내고 있나요? 생명력을 키워야 하는 겨울, 나는 봄을 제대로 준비하며 살아가고 있나요? 이러한 자기 질문 속에서 살아가는 것이 깨어 있는 삶, 때를 놓치지 않고 때의 주인이 되어 자기다운 삶의 열매를 만들고 익혀 가는 삶입니다.

지혜로운 삶이란 자기 때를 알고 제대로 준비해서 열매 맺는 삶입니다. 부모로서, 어른으로서, 선생으로서 우리 아이에게 무엇을 알려 주고 가르쳐야 할까요? 바로 '때'입니다. 자기 삶의 때를 알려 주고 가르쳐야 합니다. 밥 먹을 때, 놀 때, 공부할 때, 잠잘 때, 이렇게 때가 있고 때마다 해야 할 행동이 있듯이 아이들이 일상생활 속에서 자기 때를 알고 자기 때의 주인이 되어 자기 때를 이루고 살도록 도와주어야 합니다. 아니, 먼저 어른이 먼저 때를 알고 살아가며 본을 보여 주어야 합니다.

　　이 절기놀이 책은 어린이도 알고 살아야 할 때와 때의 의미를 쉽게 놀이 형식으로 풀어서 소개합니다. 절기놀이는 단순한 생태놀이가 아닙니다. 생명철학과 삶의 지혜가 담긴 놀이이며, 코로나바이러스를 이길 수 있는 최고의 백신일 수 있습니다. 이 절기놀이 책은 절기의 의미를 잘 이해할 때 더 재미있고 유익한 놀이가 될 수 있습니다. 절기놀이의 목적은 놀이를 하면서 절기의 의미를 알고 실제로 내 삶 속에서 절기살이를 할 수 있도록 돕는 것입니다. 놀이 후에 놀이를 하면서 때의 의미를 어떻게 깨달았는지, 어떻게 살아야 할 것인지, 함께 이야기를 나누는 시간을 가지며 앎과 삶이 함께할 수 있도록 해야 합니다.

모두가 진정한 절기살이를 할 수 있기를

들바람 강윤자

　　아이들은 자연 속에서 마음껏 뛰어놀 때 행복하며 생명감수성도 찾을 수 있습니다. 그렇게 자란 아이들이 많아지면 청소년 자살률도 줄일 수 있을 거라는 믿음을 가지고 생태교육을 시작한 지 어언 십여 년이 지났습니다. "아이고 반백 년이나 사셨어요" 하고 둘째 녀석이 장난을 칠 때 내세울 것 없는 나는 그 말이 비아냥거리는 소리로 다가왔고, 초록지렁이 선생님께서 나만의 전문성을 찾으라고 늘 조언해 주었지만 늘 내 모습이 부족하게만 느껴졌습니다.

　　지금 이대로 생태교육을 해도 될까? 이런 질문을 던지면 밀려오는 부끄러움에 쥐구멍에라도 숨고 싶은 심정일 때가 한두 번이 아니었습니다. 그때마다 나를 잡아 주고 계속 생태교육을 할 수 있도록 나를 자극해 주었던 시간이 겨울나무 공부, 인문학 공부, 절기교육이었습니다. 어느 날, 전국으로 절기교육을 하러 다니는 초록지렁이 선생님을 보면서 우리도 해 보아야겠다는 생각을 하게 되었습니다. 절기교육을 다시 들으면서 첫 시간에 받았던 감동을 전하고 싶어서 내 나름대로 생태놀이에 절기 이야기를 접목해 보기도 하고, 숲해설을 할 때도 아는 만큼 절기로 풀어 보았더니 참가자들의 반응이 꽤 좋았습니다.

그래서 실제로 절기놀이를 만들어 보는 모임을 시작했습니다. 물론 만드는 과정에서 "내가 그러면 그렇지" 하는 생각도 들고, "이게 무슨 절기놀이야, 그냥 생태놀이지" 하며 포기하고 도망치고 싶었던 때도 있었습니다. 하지만 초록지렁이 선생님의 절기 인문학 책 《우리 철 들어 볼까요》를 다시 읽으면서 힘을 내어 절기놀이를 만들었습니다. 함께하는 선생님들과 만든 절기놀이에 관해 이야기를 나누고, 실제로 놀이를 해 본 후에 고치기를 반복하면서 머리가 어질어질 멀미가 나는 기분을 느끼기도 했습니다.

그렇게 시간이 흘러 드디어 우리가 만든 절기놀이 책이 나오게 되었습니다. 뭔가 해냈다는 뿌듯함과 두근거림도 있지만 여전히 부끄럽기도 합니다. 하지만 실제로 생태교육 현장에 있는 많은 선생님들이 이 책을 보며 절기 생태교육을 현장에 적용할 때 좋은 자료로 쓰일 수 있기를 희망합니다. 그리고 모두 자신만의 절기 생태교육을 할 수 있었으면 좋겠습니다. 또한 나를 비롯한 여러 생태교육 선생님들이 진정한 절기살이를 하며 자기 삶을 '철든 삶'으로 바꾸면서 절기 생태교육을 할 수 있기를 바랍니다.

절기는 내 삶의 농사입니다

은하수 박은하

몇 년 전 겨울, '이랑'에서 '생태교육 어떻게 해야 할까요?'라는 주제로 절기 강의가 열렸습니다. 생태교육을 어떻게 해야 하는지에 관해 알려 준다는 말에 솔깃해 고민 없이 등록을 했고, 그렇게 처음 '절기' 이야기를 만났습니다. 초록지렁이 선생님은 절기 이야기를 하면서 어떻게 살아야 하는지, 무엇을 놓치고 살아왔는지, 자꾸만 불편한 질문을 던졌고, 그런 질문들이 가슴에 도끼질하기 시작했습니다. 그것은 아픔이기도 했지만 큰 울림으로 다가왔습니다. 그리고 좀더 깊이 절기를 배워 '내 삶을 잘 챙기며 살아 보자'라는 생각으로 절기 관련 책을 다시 읽고 공부하기 시작했습니다.

'절기가 뭐예요?'라고 내게 묻는다면 뭐라고 대답할 수 있을까? '아~ 그렇군요'라고 공감할 수 있게 만드는 한 마디, 그 한 마디가 무엇일까? 고민하며 초록지렁이 선생님의 절기 수업을 듣는 도중에 '아, 이거다' 싶은 문장이 떠올랐습니다. "절기는 내 삶의 농사입니다!" 농부는 24절기에 맞추어 씨를 준비하고 뿌리고 가꾸고 거둡니다. 내 삶을 스스로 경작하는 우리도 자신의 삶을 가꾸는 농부입니다. 농부가 때를 놓치면 한 해 농사를 망치는 것처럼 내 삶도 때를 놓치면 안 됩니다. 농사를 짓는 마음으로 삶의 농사를 잘 지으려면 절기를 잘 알아서 깨어 있는 삶을 살아야 합니다.

'왜 꼭 절기대로 살아야 하나요?'라고 묻는다면 나는 뭐라고 말할 수 있을까? '절기는 내 삶의 설계도'라고 말하고 싶습니다. 절기를 알고 산다는 것은 나를 알고 어떻게 살아야 하는지를 알고 사는 것입니다. 그래야 나 자신이 주체적으로 깨어서 살 수 있습니다. 절기 공부를 하면서 나를 알아가는 시간을 늘려 가며, 매일 잠깐씩이라도 절기대로 살아가고 있는지 스스로 묻고 답하려고 노력하고 있습니다.

내 인생의 봄과 여름의 때에 때를 모르고 살아온 것이 안타깝고 후회스러운 마음이 듭니다. 그렇다고 다시 그때로 되돌아갈 수는 없으니 이제라도 제가 만나는 아이들이 나와 같은 실수를 반복하지 않도록 해야겠다는 생각을 했습니다. 그래서 아이들을 위한 절기놀이를 준비했습니다. 우리의 아이들이 절기놀이를 경험하며 자기 때의 의미를 알고, 자기 때를 놓치지 않고, 자기 삶을 잘 챙기며 살아가면 참 좋겠습니다.

절기놀이를 기획하면서 절기별 자연 현상을 어떻게 놀이로 만들면 재미있을까, 절기의 깊은 의미를 어떻게 하면 쉽게 알게 할 수 있을까, 고민이 많았습니다. 혼자라면 힘들어서 포기했을지도 모를 일이었지만 곁에서 함께 고민해 준 선생님들 때문에 끝까지 할 수 있었습니다. 먼 길을 가려면 함께 가라는 말을 온몸으로 배우는 소중한 시간이었습니다.

절기의 리듬에 몸의 리듬을 맞추어 살아갈 수 있도록

청미래 손종례

'절기'란 1년 동안 모든 생명을 기르고 살리는 해님이 만들어 내는 기운의 흐름입니다. 사람들은 어렸을 때부터 '절기'라는 말을 많이 듣기는 하지만, 농사짓는 사람들에게만 필요한 말이지 현대를 사는 우리의 일상생활과는 관계가 없다고들 생각합니다. 하지만 저는 절기 공부를 하면서 절기는 과학적이며, 우리의 신체 리듬과도 맞아 떨어진다는 사실을 알게 되었습니다. 그리고 우리가 절기를 알고 때에 맞게 살기 위해 노력하면 자연과 화합하며 살아갈 수 있고, 더 건강하고 활력 있는 삶을 살 수 있다는 사실도 깨달았습니다. 그 후로 어떻게 하면 많은 사람에게 절기의 의미를 쉽게 이해시킬 수 있을까 고민하다가 놀이로 절기의 의미를 풀면 좋겠다는 생각을 하게 되었습니다.

'입춘'에 하는 '씨앗 고르기'는 한 해 첫 절기인 입춘에 마음 속 소망 중 올해 꼭 이루고 싶은 소망씨앗을 골라서 1년 동안 그 소망씨앗이 잘 자라고 열매 맺도록 기원하는 놀이입니다. 더불어 나의 소망씨앗이 잘 자라기를 기원할 때마다 소망씨앗을 나누어 가진 다른 사람의 소망씨앗도 잘 자라기를 응원하는 마음도 놀이에 담았습니다.

'우수' 절기 놀이인 '언 땅을 풀어 보자'는 우수에 오는 비가 얼었던 땅을 녹이고 풀어서 싹이 날 수 있도록 땅을 부드럽게 하는 비이니 만큼, 우리도 인간관계에서 복잡하게 얽혀 있거나 풀지 못했던 것들을 풀어 보자는 의미를 담아 만들었습니다.

이처럼 절기 하나하나 의미를 생각하며 24절기 놀이를 만들었습니다. 이 책이 절기에 관해 알고 싶어 하는 사람과 절기살이를 하고 싶은 사람, 절기를 가르치는 생태교육자들에게 도움이 되기를 바라며, 특히 부모님들이 이 책을 통해 절기와 절기의 의미를 알게 되었으면 좋겠습니다. 그래서 계절감각을 잃어버려 활력이 없어지는 아이들이 절기의 리듬에 몸의 리듬을 맞추어 사계절을 살아갈 수 있도록 도움을 줄 수 있었으면 좋겠습니다. 우리의 아이들이 건강하고 창의적이며 생명력이 꿈틀거리는 아이들로 자라났으면 좋겠습니다.

①

시작하는 놀이

절기란
무엇일까요?

사계절도 절기도 '해님'의 다른 이름입니다

한국과 중국 등 동양권에서 오래전부터 사용해 왔던 절기는 1년을 24절기로 구분하여 주로 농사력으로 이용했습니다. 그러나 24절기는 원래 농사만을 위해 만들어진 것은 아니었어요. 왜냐면 절기는 농경시대 이전부터 만들어진 기후와 자연 현상이기 때문입니다. 그리고 절기는 설날이나 추석과 같은 전통적인 세시풍속이 아닙니다. 세시풍속은 음력을 중심으로 만들어졌기 때문에 태양이 중심이 되는 절기와 다르지요.

24절기는 약 3000년 전 중국 화북지방에서 만들어졌고, 한자로 '節氣'라고 씁니다. 절기의 사전적 정의는 "한 해를 24개로 나눈 계절의 표준이 되는 것"이라 되어 있습니다. 그래서 많은 사람들은 절기를 단순한 시간 나눔으로 알고 있지요. 절기의 한자 의미를 살펴보면, 절기란 1년 동안 해님(햇볕)이 만든 모든 생명을 기르고 살리는 기운(생명력)의 흐름이라고 할 수 있습니다. 그래서 24절기의 명칭은 생명을 낳고 기르고 살리는 해님의 1년 흐름에 따라 24개로 구분해 부르는 표현이라 할 수 있습니다. 봄·여름·가을·겨울도 해님의 다른 이름이고, 24절기도 해님의 또 다른 이름인 것이지요.

지구에서 살아가는 모든 생명은 해의 기운인 절기의 흐름에 따라 살도록 진화했고 그렇게 설계되었습니다. 진화란 자연 속에서 생존에 가장 큰 위협이 되는 기후변화(절기)의 흐름에 최적의 상태로 적응하기 위해 몸과 삶의 형태가 변화된 것을 의미합니다. 그래서 자연의 어떤 생명도 절기의 흐름을 거스르거나 무시하면서 살 수 없습니다. 그것은 어떤 생명도 해의 기운인 자연의 흐름을 거부하거나 다스릴 수 없기 때문입니다.

절기는 생명들이 자연 안에서 살아가는데 절대적으로 필요한 힘이자 순리이고 법과 같은 것입니다. 나무는 이러한 절기 흐름에 따라 겨울에는 추위를 견디며 씨앗 속 생명력을 강하게 응축시키고, 봄에는 따뜻한 기운으로 꽃을 피워 자기 열매를 만들지요. 여름에는 뜨거운 더위로 봄에 만든 열매를 제 모양과 제 크기대로 키우고, 가을에는 찬 이슬과 서리로 열매를 맛있게 익힙니다.

나무뿐만 아니라 모든 생명도 태어나 죽을 때까지 24절기의 흐름대로 결국 자신의 열매를 만들어 살아야 합니다. 사람도 마찬가지입니다. 그래서 절기는 단순한 시간의 흐름이 아니라 생명들이 알아야 할 삶의 지혜와 생명살이의 비밀을 담고 있는 것입니다.

어른들은 아이들처럼 사리 분별을 모르고 살 때 '철이 없다'는 말을 합니다. 뭔가 삶의 이치를 알고 제대로 살아갈 때 '철들었다'는 말을 하지요. 철들었다는 말은 사실 어른스럽다는 의미보다 철인 때를, 절기의 의미를 알고 산다는 말입니다. 나의 봄 인생에는 어떻게 살아야 하는지, 여름과 가을 인생에는 어떻게 살아야 하는지를 알고 사는 것이 철든 삶이지요. 봄 인생은 내가 누구인지, 나답게 사는 것이 어떤 것인지, 내가 하고 싶은 일이나 가장 잘하는 일이 무엇인지 찾는 때입니다. 여름 인생은 나다움을 더욱 성장시켜 나

만의 삶을 만들어 가는 때이지요. 가을 인생은 내 이름으로 나만의 빛과 향기를 만들어 다른 사람과 함께 나누며 살아가는 때입니다.

절기야 말로 가장 오래된 인생 최고의 철학이자 지혜라고 할 수 있습니다. 글자 없는 하늘의 책인 '무자천서無字天書'와 같은 것입니다. 이 무자천서인 절기를 제대로 읽고 사는 자만이 자기 삶의 주인이 되어 정말 '살았다'라고 말할 수 있습니다.

절기놀이, 이렇게 진행하세요

1 가능한 한 놀이 참가자들이 바뀌지 않고 지속적으로 1년 동안 놀이에 참여할 수 있도록 합니다. 또한 1년 동안 계절(절기)의 흐름을 느낄 수 있는 같은 장소에서 진행해야 좋습니다.

2 놀이에 앞서 주변 생태환경을 먼저 관찰한 후에, 절기놀

이를 진행합니다.

3 절기놀이는 놀이를 하면서 아이들에게 때와 절기 의미를 알려 주어 절기에 맞게 살아가도록 하는 것이 목표인 수업입니다. 그래서 먼저 진행하는 교사가 절기와 절기 의미를 잘 알고 절기살이를 해 보는 것이 좋습니다. 이를 위해 《때를 알다 해를 살다》(유종반, 작은 것이 아름답다)를 꼼꼼하게 읽어 보고, 절기 관찰일기도 써 보세요. 절기 관찰일기에 관한 내용은 책을 참고하면 됩니다.

4 이 책에 소개되는 절기놀이에는 놀이를 마무리하면서 이야기를 나누는 시간이 포함되어 있습니다. 이 이야기 나누기를 잘해야 절기놀이가 완성됩니다. 절기놀이는 이야기를 나누기 위한 수단이지 목적이 아니기 때문입니다.

5 절기놀이 교구는 한 번 사용하고 버리지 말고 여러 번 사용할 수 있도록 제작해 주세요. 교구 제작과 사용, 놀이 방법, 교사 연수, 단체 절기놀이 프로그램 진행에 관한 문의는 생태교육센터 '이랑'(032-548-6574)이나 녹색교육센터(02-6497-4855)로 해 주세요.

시작하는 놀이
절기랑 놀자 – 해님의 이름은

절기란 1년을 단순히 24개의 시간으로 구분한 의미 없는 달력이 아닙니다. 절기는 해님 속에 담긴, 생명을 낳고 살리고 기르는 생명사랑의 기운이 우주 자연 속에서 1년 동안 스물네 번 흐르는 것을 표현한 말입니다. 그래서 24절기는 1년 동안 다양한 모습으로 변하는 해님의 또 다른 이름입니다. 24절기 전체를 이해하기 위한 이 놀이를 하면서 24절기의 이름을 배우고 해님이 어떻게 변해 가는지 알아봅시다.

준비물 주사위, 절기판, 24절기 카드, 말 네 세트(네 개 한 세트)
장소 실내·실외 모두 가능
대상 초등학교 3학년 이상

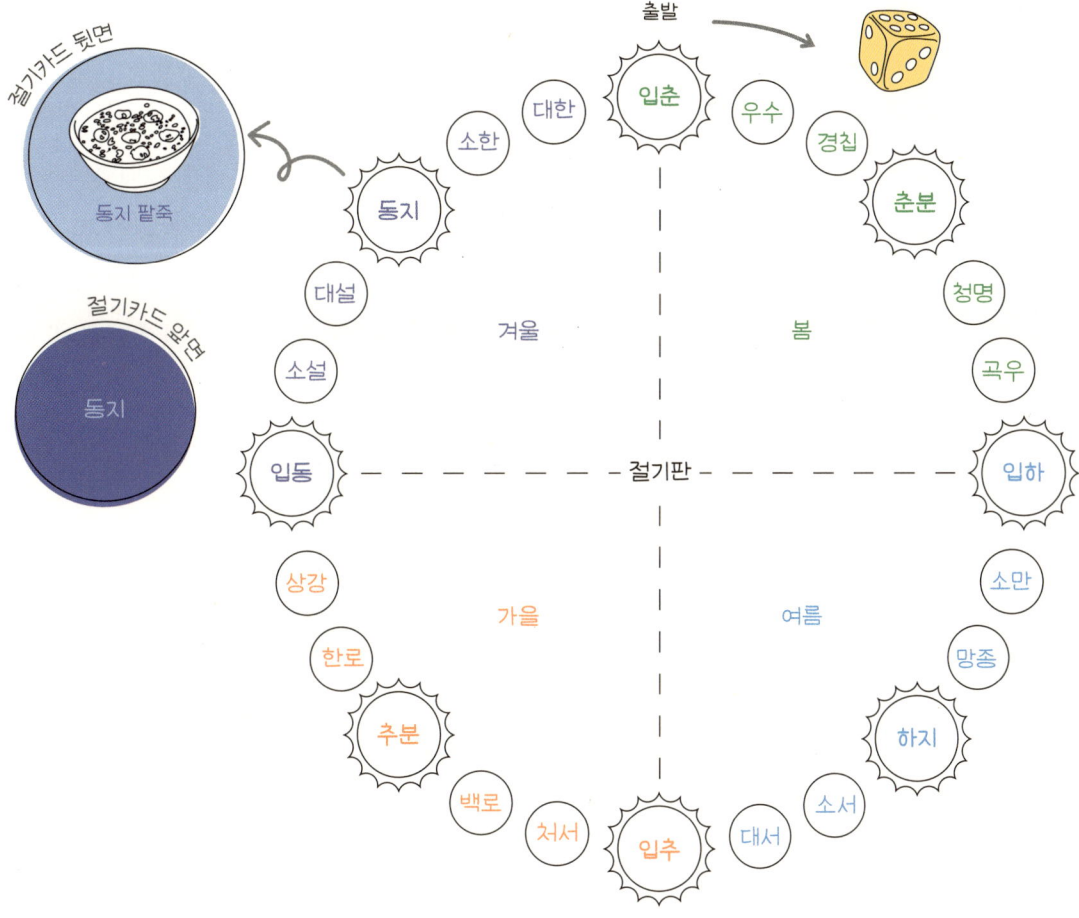

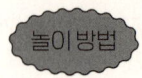
놀이방법

1 진행자가 입춘부터 대한까지 설명하면서 24절기 카드를 절기판에 올려 놓습니다. 절기카드 뒷면에는 그 절기에 해당하는 음식(동지라면 팥죽 이미지) 등 관련 이미지를 넣습니다.

2 네 개의 모둠(봄, 여름, 가을, 겨울)으로 나눕니다(참가자 수에 따라 모둠 수 조절 가능).

3 모둠별로 주사위 던질 순서를 정합니다.

4 정해진 순서에 따라 주사위를 던지고 나온 숫자만큼 말을 놓습니다.

5 입춘부터 대한까지 네 개의 말이 모두 나오는 모둠이 승리합니다.

이렇게 하면 더 좋아요!

- 윷놀이 규칙 중 잡기와 뭉쳐 가기를 적용하면 더욱 재미있게 할 수 있습니다.
- 입춘, 춘분, 입하, 하지, 입추, 추분, 입동, 동지에는 여러 개의 행동 미션을 만들고 입춘, 춘분, 입하, 하지, 입추, 추분, 입동, 동지에서 말이 멈추면 주사위를 던진 친구가 해당하는 미션을 몸으로 표현하고, 모둠 구성원이 맞추면 한 번 더 주사위를 던질 수 있습니다.

묻고 답하기

유아

- 밥 먹을 때 밥을 안 먹으면 어떻게 될까요?
- 자야 할 시간에 잠을 안 자면 어떻게 될까요?
- 어린이집에 갈 때 늦잠을 자면 어떻게 될까요?

초등학생

- 절기는 누가 만들었을까요?
- 해님의 이름은 몇 개나 될까요?
- 해님이 없으면 어떻게 될까요?
- 왜 절기를 알아야 할까요?
- 지금 우리는 무엇을 하면 살아야 할 때일까요?

자연은 철따라 때에 맞게 모든 것이 흘러갑니다. 1년도 때가 있고, 하루도 아침, 저심, 저녁 다 때가 있습니다. 사람에게도 때가 있습니다. 아기 때가 있고, 유치원 때가 있고, 초등학교·중학교·고등학교 때가 있습니다. 자기의 때를 알고 자기의 위치를 알고 어떻게 살아야 하는지 함께 생각해 봅시다.

절기 노래 배우기

24절기의 이름을 쉽게 외우기 어렵지요? 그래서 절기의 이름과 의미를 쉽게 기억할 수 있도록 함께 노래를 불러 보면 좋습니다. "송알송알 싸리잎에 은구슬"로 시작하는 '구슬비'라는 동요에 녹색교육센터에서 만든 다음의 가사를 붙여서 함께 불러 봅시다.

봄 절기

땅이 녹고 봄이 와요 입춘
보슬보슬 봄비 내려 우수
개구리가 꿈틀꿈틀 경칩
낮이 점점 길어져요 춘분
맑은 하늘 봄~바람 청명
비가 와서 곡식 커요 곡우

여름 절기

잎 커지고 여름 와요 입하
초록 세상 가득해요 소만
보리 베고 벼 심어요 망종
해님 가장 높이 떠요 하지
온 세상이 푸르러요 소서
땀이 뻘뻘 무더워요 대서

가을 절기	겨울 절기
더위 가고 가을 와요 입추	잎이 지고 겨울 와요 입동
아침저녁 서늘해요 처서	얼음 얼고 첫눈 내려 소설
풀잎마다 아침이슬 백로	하얀 눈이 소복소복 대설
밤이 점점 길어져요 추분	해님 낮아 기나긴 밤 동지
찬이슬에 열매 익는 한로	손이 꽁꽁 발이 꽁꽁 소한
서리 내려 단풍 드는 상강	추운 겨울 어서 가요 대한

절기 주제가로 이원수 선생님이 노래 가사를 쓰고 백창우 선생님이 곡을 만든 '햇볕'이라는 노래를 함께 배우는 시간을 가져 보아도 좋습니다.

❷ 봄
절기놀이

입춘

2월 4일경

드는봄 – 봄을 어떻게 맞이할까요?

입춘은 봄의 시작을 알리는 절기지만 아직 김장독에 오줌독까지 깨질 만큼 추위가 강합니다. 정월은 새해에 첫 번째 드는 달이고, 입춘은 대체로 정월에 첫 번째로 드는 절기입니다. 입춘은 새해를 상징하는 절기로 여러 가지 민속행사가 열립니다. 그 가운데 하나가 입춘첩立春帖을 써 붙이는 일입니다. 입춘에는 '입춘대길 건양다경立春大吉 建陽多慶' 같은 글을 대문 기둥이나 대들보, 천장에 써서 붙입니다.

입춘은 농사의 기준이 되는 첫 번째 절기인 탓에 보리 뿌리를 뽑아 보고 농사의 흉풍을 가려 보는 농사점을 쳤습니다. 뿌리가 세 가닥이면 풍년, 두 가닥이면 평년작, 한 가닥이면 흉년이라 예상했지요.

입춘은 봄의 첫 절기로, 입춘에는 봄의 의미를 생각하고 봄을 맞이할 준비를 해야 합니다. 농부가 올해 뿌릴 씨앗을 준비하듯이 우리도 입춘에는 올해 하고 싶은 일을 생각하고 어떻게 이루어야 할지 깊이 생각해야 합니다.

옛사람들은 한 절기 15일을 5일씩 초후, 중후, 말후로 나누어 짧은 절기살이를 해 왔습니다. 절후節候에 관한 이야기는 조선 세종 때 만든 《칠정산 내편》에 기록되어 오늘날까지 내려오고 있습니다. 입춘 절후를 보면, 초후 5일에는 동풍이 불어서 언 땅을 녹이고, 중후 5일에는 동면하던 벌레가 움직이기 시작하고, 말후 5일에는 물고기가 얼음 밑을 돌아다닌다고 했습니다. 이때는 봄바람이 불면서 기온이 올라가 땅이 녹고 잠자던 벌레들도 깨어납니다.

입춘이 있는 2월이 시작되면 동풍으로 봄기운을 느끼게 되고, 2월 초순쯤 일 평균 기온이 영상으로 올라갑니다. 그리고 맨 먼저 멧비둘기 소리와 딱따구리 나무 쪼는 소리가 들리면서 새들이 활발히 움직이는 것을 알 수 있습니다. 빛이 잘 드는 곳에 풀 새싹이 올라오고 하루 일교차도 심합니다.

입춘 절기살이

입춘을 앞두고 봄을 부르는 비가
메마른 대지에 촉촉이 내렸네요.
기다리던 단비에 목마른 생명들의
환호성이 가득한 입춘입니다.

한겨울 맹추위에 봄 그리움 쌓고 쌓아
설레는 마음으로 봄맞이를 해야 하는데
매서운 찬바람이 사라진 지난겨울
대한이 소한 집에 가서 얼어 죽었다는
옛말은 이제 전설이 되어 버렸습니다.
입춘마다 때맞추어 찾아왔던 봄바람도
올해는 한 달 전부터 불기 시작해서
봄바람에 기지개 켰던 산비둘기도
땅속 겨울잠 자던 벌레들도
어리둥절 어쩔 줄 모르고 있습니다.

그래도 이제 봄이 왔으니
올봄 씨앗 잘 준비해야 하겠지요.
누구에게나 봄은 오지만
아무에게나 봄은 아닌 것처럼
오는 봄이 오롯이 내 봄이 되도록
깨어 있는 마음으로 봄맞이를 해야겠습니다.

2019. 2. 4

* 절기살이 글은 2019년의 절기 계절 현상을 관찰하고 썼습니다. 절기놀이를 준비하고 실제로 시행하는 분들도 나만의 절기살이를 기록해 보세요.

입춘 절기놀이 1

입춘 씨앗 고르기

장소 실내·실외 모두 가능
대상 6세 이상

입춘은 봄으로 들어가는 절기이자, 절기상 한 해의 시작이어서 실질적인 '새해 시작'이라고 부를 수 있습니다. 새해가 되면 사람들은 올해 하고 싶고 이루고자 하는 여러 가지 작은 소망씨앗들을 생각합니다. 입춘 절기에는 자신이 품었던 소망씨앗 중에서 가장 하고 싶고 이루고 싶은 소망씨앗 한 가지를 마음속에서 꺼내어 씨앗 나뭇조각에 기록하고, 올 한 해 동안 그 소망씨앗을 지니고 다니며 그 소망씨앗이 싹이 트고 자라고 잘 익어서 좋은 열매가 되기를 기원해 보는 시간을 가져 보도록 해요. 그리고 나의 소망씨앗을 생각하며 소원이 이루어지길 기원할 때 다른 사람의 소원도 이루어지기를 바라며 응원하는 시간을 가져 보세요.

준비물 작은 나뭇조각 두 개, 연결고리, 네임펜, 주머니

놀이방법

1 참가자에게 작은 나뭇조각 두 개(나뭇조각A, 나뭇조각B)와 네임펜을 나누어 줍니다.

2 참가자는 두 개의 나뭇조각(A·B)에 네임펜으로 씨앗 모양을 크게 그립니다.

3 두 개의 나뭇조각(A·B)에 그려진 씨앗 모양 그림 속에 올해의 소원을 한 단어로 적습니다.

4 두 개의 나뭇조각(A·B)에 똑같은 소원을 적습니다. 그림으로 그려도 됩니다.

5 두 개의 나뭇조각 중 한 개(A)는 참가자 본인이 가지고 있고, 다른 하나(B)는 진행자가 들고 있는 주머니 속에 넣습

니다.

6 참가자들이 소원을 적은 나뭇조각(B)을 주머니에 모두 넣으면 진행자는 소원을 적은 나뭇조각(B)이 들어 있는 주머니를 흔들어 섞습니다.

7 참가자들은 눈을 감고 주머니 속에서 소원이 적혀 있는 나뭇조각(B)을 한 개 꺼냅니다(이때 다른 사람의 소원이 적혀 있는 나뭇조각 또는 자기의 소원이 적힌 나뭇조각을 꺼낼 수 있습니다).

8 참가자들이 주머니에서 소망씨앗을 꺼냈으면 모두 눈을 뜨고, 본인의 씨앗 조각(A)과 다른 사람의 씨앗 조각(B)을 연결고리로 연결합니다.

9 진행자는 올 한 해 동안 본인의 소망씨앗이 잘 자라도록 기원할 때 다른 사람의 소망씨앗도 함께 잘 자라기를 바라며 서로 응원해 주자고 이야기 합니다.

묻고 답하기

- 입춘 절기는 어떤 절기인가요?
- 올해의 나의 소망씨앗은 무엇인가요?
- 소망씨앗이 잘 자라게 하려면 어떻게 해야 할까요?

입춘 절기놀이 2

입춘 솟대를 만들자

아직 추운 겨울이지만 해님은 바람과 비를 보내 봄을 준비합니다. 농부는 이때 한 해 농사를 계획하며 심을 씨앗이 잘 자라기를 바라면서 씨앗을 준비하지요. 우리도 입춘 절기를 맞아 농부들처럼 올해 키우거나 이루고 싶은 소원을 쓴 씨앗을 준비하여 입춘제를 할 수 있습니다. 입춘제는 올해 하고 싶은 일을 적고, 이에 관해 서로 이야기를 나누며 꼭 좋은 열매를 맺자고 다짐을 하는 시간입니다. 이때 자기 약속을 무사히 잘 지킬 수 있도록 수호신과 같은 솟대도 함께 만들어 봅니다.

옛날에는 마을 어귀에 마을을 지키는 수호신인 솟대와 장승을 많이 만들어 세워 두었답니다. 자신을 지켜 주고 소망씨앗을 잘 뿌려 열매 맺도록 도와주는 솟대를 만들면서 어떤 씨앗을 뿌릴지, 어떻게 잘 자라게 할지, 어떠한 열매를 맺게 할지 생각해 보기로 해요.

준비물 사포, 송곳, 실, 천(3x7센티미터), 나무토막 받침대, 나뭇가지, 가위, 목공풀
장소 실내·실외 모두 가능
대상 초등학생 이상

놀이방법

1 올 한 해 꼭 이루고 싶은 소원, 목표, 다짐을 정합니다.
2 천에 네임펜으로 소원의 내용을 적습니다.
3 솟대를 만듭니다(32쪽 그림 참조).
4 소원 천을 솟대에 답니다.
5 솟대를 완성한 후 참가자들은 돌아가면서 소원을 읽고 서로의 소원을 기원해 줍니다.

묻고 답하기

- 올해 하고 싶은 것은 무엇인까요?
- 왜 그것을 하고 싶은가요?
- 그것이 이루어지려면 어떻게 해야 할까요?

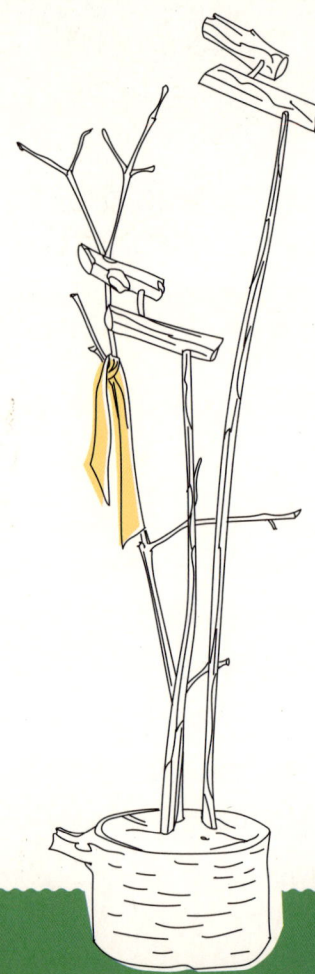

함께 나누면 좋은 절기 이야기

재미있는 입춘 속담

'격에 어울리지 않는다'고 말할 때 "가게 기둥에 입춘, 흥부 집에 입춘방"이라는 속담을 사용하곤 합니다. 원래 입춘방은 양반집처럼 큰 집 대문이나 대들보가 있는 집에 써서 붙이는데, 흥부 집 같이 초라한 집이나 가게는 입춘방을 붙일만한 대문이나 들보가 없으니 그런 곳에 붙이면 볼품이 없다는 뜻이지요.

"입춘 거꾸로 붙였나"라는 속담은 입춘이 되어 날씨가 포근하다가 갑자기 꽃샘추위가 닥쳐 겨울로 돌아가는 것 같을 때 많이 씁니다. 또 "입춘 날 무순 생채다"라는 말도 있는데요, 맛있거나 신나는 일이 있을 때 씁니다. 입춘 음식으로 먹던 무순 생채를 들어 비유한 이 속담에는 제철음식이 가장 좋다는 의미도 들어 있답니다.

기운을 북돋워 주는 절기음식

입춘은 '오신채'를 먹는 때입니다. 오신채는 향이 강해 마음을 흩뜨려 스님들의 수행에 방해가 되어 불교에서 금지하는 다섯 가지 음식으로 마늘, 파, 부추, 달래, 홍거를 의미합니다. 홍거는 우리나라에서 구할 수 없어서 우리나라 사찰에서는 홍거 대신 양파를 금지하고 있습니다.

마늘, 파, 부추, 달래, 양파 중 겨울을 이겨 낸 파는 단맛이 강하기 때문에 살짝 데쳐서 고추장과 참기름을 넣고 조물조물 무쳐서 먹으면 좋습니다. 달래는 잘게 다져서 달래 간장을 만들어 김과 함께 먹으면 입안 가득 퍼지는 달래 향으로 봄을 느낄 수 있지요.

오신채는 아니지만 들나물 냉이도 입춘 음식으로 빼놓을 수 없습니다. 쌀뜨물에 된장을 푼 후, 감자를 넣고 한소끔 끓으면 냉이, 모시조개, 파, 마늘을 넣어 냉잇국을 만들어 보세요. 완연한 봄을 온몸으로 느낄 수 있고 겨우내 부족했던 비타민도 보충할 수 있습니다.

우수

2월 19일경

봄부름비 – 봄에는 어떤 준비를 해야 하나요?

우수雨水 절기에는 봄을 부르는 비가 내립니다. 봄비가 내리면 겨우내 꽁꽁 얼었던 땅이 녹고 부드럽게 풀리기 시작하지요. "우수·경칩에는 대동강물도 풀린다"는 말도 있듯이, 우수가 찾아오면 이제 봄이 가까이 왔다는 사실을 알 수 있습니다. 우수는 추운 겨울 날씨가 거의 풀리고 봄바람이 불기 시작하는 시기로 봄비가 내려 땅이 녹고 풀리며 새싹이 돋아나는 때입니다. 우수 때 얼었던 강물이 녹듯이 사람들도 동지 때 미처 해소하지 못한 응어리도 풀고 겨울 동안 굳었던 몸도 풀어 새롭게 봄을 준비하면 좋겠습니다.

우수의 초후 5일에는 수달이 물고기를 잡아다 늘어놓고, 중후 5일에는 기러기가 북쪽으로 날아가며, 말후 5일에는 초목이 물을 빨아들여 싹이 튼다고 했습니다. 드디어 기온이 조금씩 올라 연못이 녹고 풀들이 싹을 내기 시작한다는 것을 알 수 있지요. 우수 때 실제 절기 현상을 보면 언 땅을 녹이는 비가 자주 오고, 안개와 서리가 내리며, 아침 최저 기온이 영상으로 올라갑니다. 양지에는 네발나비 등 어른벌레로 겨울을 나는 곤충들이 보이고, 도롱뇽과 산개구리가 나타나고 알을 낳기도 합니다. 또 기러기 등 겨울 철새는 다시 서식지로 날아갑니다. 하지만 아직 꽃샘추위가 강한 때입니다.

우수 절기살이

올해 우수에는 봄비가 아닌
봄눈이 쏟아지고 있습니다.
남녘에는 봄비 오는 곳도 있겠지만
봄비 같은 봄눈이니 다행이지요.

1월보다 2월이 더 추워서 그럴까요.

지난겨울부터 뒤죽박죽된 절기 흐름에
풀과 나무도, 벌레와 개구리도
무척 혼란스러워 하고 있는 것 같습니다.

입춘 때는 언제나 봄바람이 불어서
우수 때는 촉촉한 봄비가 내려서
곧 봄이 오니 어서 깨어나서
오는 봄 잘 맞이하라 알려 주었습니다.
그래서 봄바람과 봄비는 자연의 생명들에게
하늘 알람이자 생명사랑의 속삭임입니다.

우수에 봄비는 우리에게 묻습니다.
봄을 제대로 준비하고 있나요?
봄비처럼 촉촉하게 살고 있나요?
굳고 얼었던 마음 잘 풀고 있나요?

부드럽고 따뜻한 해님 마음으로

오는 봄에 알찬 생명의 씨앗을 뿌릴
마음밭을 잘 준비하고 있나요?

2019. 2. 19

우수 절기놀이 ①

언 땅을 풀어 보자

우수는 꽁꽁 얼어붙었던 대동강물도 풀린다는 절기입니다. 우수에는 봄을 맞을 땅을 위해 하늘에서 비를 내립니다. 우수 비는 봄 생명을 잉태하기 위해 차갑게 굳어 버린 땅을 녹이고 부드럽게 풀어지게 합니다. 그렇게 땅이 녹고 부드러워져야 씨앗들이 싹이 트고 자라날 수 있기 때문이지요. 이 놀이를 하면서 각자의 마음속에 있는 씨앗의 싹이 트지 못하도록 막고 있는 얼어붙어 있는 땅이 있다면 무엇일지 생각해 봅시다. 나아가 그 언 땅을 녹일 수 있는 우수 비와 같은 것은 무엇이 있는지도 생각해 봅니다.

준비물 없음

장소 실외

대상 6세 이상

놀이방법

1 바닥에 큰 동그라미를 그리고 '땅'이라 하고, 10미터 정도 떨어진 곳에 선을 그리고 '하늘'이라고 정합니다.

2 참가자 중 한 사람을 정하여 '봄비'라 하고, '하늘'에 가 있게 합니다.

3 '하늘'에 가 있는 '봄비' 외에 다른 참가자는 '땅'에서 양손을 바닥에 대고 웅크리고 앉아 있습니다(웅크린 자세는 언 땅을 표현하는 것입니다).

4 진행자의 "시작" 소리에 '하늘'에 있는 '봄비'는 땅으로 달려와서 '땅'에 웅크리고 있는 사람의 몸을 터치하며 "똑똑, 봄비입니다"라고 말합니다. 이때 웅크리고 있는 사람은 '봄비'와 가위바위보를 합니다.

5 '봄비'가 이기면 진 사람을 '하늘'로 데려가 '봄비2'가 되어 다시 '봄비'와 같이 '땅'으로 가서 가위바위보를 합니다.

6 '봄비'를 이긴 사람은 제자리에서 일어나고, 다음번에 또 이기면 제자리에 앉기를 반복합니다.

7 '봄비'와 비기면 그 상태로 움직이지 않습니다.

8 위의 놀이를 반복하여 '땅'에 있는 모든 사람이 '봄비'가 되어 움직일 수 있을 때까지 놀이를 반복합니다.

묻고 답하기

- 우수는 어떤 절기인가요?
- 나에게 녹지 않는 언 땅이 있다면 무엇일까요?
- 어떻게 해야 몸을 부드럽게 할 수 있을까요?

- 어떻게 해야 마음을 부드럽게 할 수 있을까요?
- 나에게 '봄비' 같은 것은 무엇이 있을까요?

우수 절기놀이 2
봄을 찾아라

우수 절기에 내린 봄비로 초목에 물이 오르고 이른 봄꽃들이 피기 시작합니다. 이때 매실나무, 동백나무, 봄까치꽃, 광대나물, 복수초 등의 꽃을 볼 수 있습니다. 아직 꽃샘추위가 남아 있지만 이러한 봄꽃들이 봄이 왔다는 사실을 알려 주지요. '봄을 찾아라'는 여러 가지 겨울 절기 사진과 봄에 피는 꽃 사진을 관찰하고 찾아보면서 아이들에게 우수 절기에 발견할 수 있는 봄의 모습을 알게 하는 놀이입니다.

준비물 겨울 사진 다섯 종류(예: 고드름, 눈사람, 얼음계곡, 눈썰매, 얼음 지치기), 봄 사진 다섯 종류(예: 매실나무, 동백나무, 봄까치꽃, 광대나물, 복수초), 겨울 사진과 봄 사진을 양쪽에 붙인 사각형 딱지 30개
장소 실내·실외 모두 가능
대상 7세 이상

놀이방법

1 참가자들을 '봄비' 모둠과 '겨울바람' 모둠으로 나눕니다.
2 5미터 떨어진 곳에 두 줄을 긋고 각각 한 모둠씩 두 명씩 늘어섭니다.
3 두 줄 중앙에 사진을 붙인 사각형 딱지 30개를 흩어 놓

봄비   겨울바람

사진 딱지

습니다.

4 각 모둠에서 두 명씩 차례로 나와 진행자가 "시작"을 외치는 소리에 맞추어 봄비 모둠원은 봄 사진이 위로 오게 뒤집어 놓고, 겨울바람 모둠원은 겨울 사진이 위로 올라오게 뒤집어 놓습니다.

5 나머지 모둠원들은 "봄비 이겨라~", "겨울바람 이겨라~" 외치며 응원합니다.

6 3분이 지나면 다음 두 명이 나가 똑같이 진행합니다.

7 전 모둠원이 마치고 나면 봄 사진과 겨울 사진을 제대로 뒤집었는지 어느 쪽이 많은지도 헤아려 봅니다.

9 봄비와 겨울바람이 서로 역할을 바꾸어서 해 봅니다.

묻고 답하기

- 놀이를 하면서 내 몸이 잘 풀어졌나요?
- 언제 봄비가 내렸나요?
- 봄비가 내린 후 주변 환경은 무엇이 달라졌나요?
- 봄이 다가오는 것을 어떻게 느끼고 있나요?

함께 나누면 좋은
절기 이야기

재미있는 절기 속담

"우수·경칩이면 대동강 물도 풀린다"라는 속담 많이 들어보았지요? 소한·대한 절기에 꽁꽁 얼어 버린 대동강 물도 우수 때 내리는 비에는 녹아 버린다는 뜻입니다. "우수 뒤에 얼음 같다"라는 속담도 비슷한 의미인데요. 우수 때 내리는 비에는 꽁꽁 얼었던 것들도 날이 풀려 슬슬 녹아 없어진다는 뜻입니다.

기운을 북돋워 주는 절기음식

우수에는 겨우내 얼었던 땅이 녹은 밭에서 겨울을 난 도라지를 캐다가 식초와 고추장 등 갖은 양념으로 새콤하게 무친 도라지무침을 먹으면 좋습니다. 도라지는 껍질을 벗겨 소금에 바락바락 주물러 쓰고 아린 맛을 제거하여 씻어 냅니다. 우수 때는 동무들과 들에서 놀며 돼지감자를 캐서 흐르는 시냇물에 씻어 아작아작 씹어 먹었지요. 그리고 이 즈음에 대보름이 있어 오곡밥과 묵나물(뜯어 두었다가 이듬해 봄에 먹는 산나물) 무침, 봄동, 곰보배추 등 봄나물도 먹고, 부럼도 까먹고, 아이들은 어른들에게 귀밝이술을 조금 얻어 마시기도 했답니다.

경칩

3월 5일경

깨어날봄 – 왜 겨울잠에서 깨어나야 할까요?

경칩의 경驚은 '말이 앞발을 들어 위를 보고 놀라다', 칩蟄은 '숨어서 겨울잠을 자는 벌레'라는 뜻으로, 경칩은 땅속에서 자고 있는 벌레가 깨어나는 절기입니다. 하지만 흔히 경칩에는 '개구리가 깨어난다'고 많이 알려져 있지요. 벌레보다는 개구리가 눈에 잘 띄어 개구리가 깨어나는 때로 생각하게 되었답니다. 경칩 때는 겨우내 언 땅이 녹아 잠자던 씨앗과 벌레, 개구리들이 기지개를 켜고 밖으로 나옵니다.

경칩과 춘분은 봄을 알리는 하늘 알람과 같은데요. 경칩 이전 입춘 때 부는 봄바람과 우수 때 내리는 봄비는 생명을 깨우는 조용한 첫 알람이고, 춘분 때 찾아오는 천둥·번개와 비바람은 아직 깨어나지 않은 생명을 강하게 흔드는 두 번째 알람이라고 할 수 있습니다.

경칩 초후 5일에는 복사나무꽃이 피기 시작하고, 중후 5일에는 꾀꼬리가 울고, 말후 5일에는 매가 비둘기로 변한다고 했습니다. 하지만 실제로 복사나무꽃은 경칩 절기 초후에 피지 않고 4월쯤에 피며, 꾀꼬리도 중후에 오지 않고 말후 무렵에 옵니다. 매가 비둘기로 변한다는 말후는 겨울 동안 잘 보였던 매가 보이지 않고 비둘기가 많이 나타난다는 의미라고 생각됩니다.

경칩 때에는 냉이, 새포아풀, 너도바람꽃처럼 이른 봄꽃들이 피는 것을 볼 수 있습니다. 그리고 나무는 회양목, 개암나무, 생강나무, 올괴불나무 순서로 꽃이 핍니다. 경칩의 단어 뜻대로 도롱뇽과 산개구리가 깨어나 알을 많이 낳고, 기러기가 계속해서 북으로 날아가는 것도 볼 수 있습니다. 그리고 하루 평균 기온이 5도 이상으로 올라가지요.

경칩 절기살이

봄이 왔지만 봄같지 않습니다.
공포스러운 미세먼지 습격으로
따뜻하고 포근한 봄 느낌이 사라지고
두근거리는 봄 설렘도 빼앗아 가 버렸습니다.
우리의 자업자득이자 업보이지요.

겨울답지 않은 지난겨울도
겨울답지 않은 이상기후에
생명들은 비몽사몽 뒤척이며
봄그리움 깊게 쌓지 못하고
봄꿈 꾸기도 어렵겠다 싶습니다.

그나마 조금 내린 봄부름비에도
나뭇가지마다 초록물 차오르고 있습니다
버들강아지는 겨울모자 벗어 던지고

꽃다지와 냉이의 꽃은 활짝 핀 얼굴 내밀고
아기 손 같은 쑥 잎도 쑥쑥 자라고 있습니다.

온 천지에 봄기운 가득한 경칩은
모두 깨어나야 할 시간입니다.
약속이나 한 듯 벌레들은
해님시계에 맞추어 하품하며 눈 비비고
개구리도 기지개를 펴고 있습니다.

개구리와 벌레가 깨어나 묻고 있습니다.
우리도 깨어났으니
너희들도 깨어났느냐고,
정말 깨어났느냐고,
늘 깨어 살고 있느냐고,
깨어남의 의미를 물어야 할 경칩입니다.

2019. 3. 6

경칩 절기놀이 1

하나, 둘, 셋, 경칩!

대상   7세 이상

'경칩'의 경驚은 '놀라다'라는 의미이고요, 칩蟄은 '숨다, 고요하다, 겨울잠을 자다, 겨울잠 자는 벌레'라는 뜻이 있습니다. 그러니까 경칩은 겨울잠을 자는 벌레들이 깜짝 놀라서 깨어나는 때입니다. 겨울잠을 자는 벌레들을 깜짝 놀라게 하는 것은 다름 아닌 따뜻한 햇볕이지요. 경칩에는 봄을 준비하기 위해 자연의 모든 생명이 깨어납니다. 따뜻한 봄기운이 자연의 모든 생명을 깨우는 경칩 절기놀이를 하면서 '깨어남'의 의미를 생각해 봅시다.

준비물   나무카드(손가락에 끼울 수 있는 고무밴드 부착. 참가자 수의 두 배 만큼 준비), '경칩'이라고 쓴 나무카드 두 개, 펜

장소   실내·실외 모두 가능

놀이방법

1 참가자들이 모두 들어갈 만한 큰 원(땅속 또는 겨울잠을 자는 생명들이 있는 곳)을 그립니다.

2 진행자는 원 밖에 서서 '경칩'이라 쓴 나무카드를 양손에 하나씩 들고 섭니다.

3 참가자들을 원 안에 들어가게 하고 나무카드를 두 개씩 나누어 준 후, 나무카드에 각자 봄에 깨어나는 생물을 적게 합니다(두 개의 나무카드에 동일한 생물을 적습니다).

4 참가자들은 진행자를 바라보고 쪼그리고 앉습니다.

5 진행자가 한쪽 손을 올리며 "하나, 둘, 셋, 경칩!"이라고 말하면, 원 안의 참가자들은 진행자와 동시에 동일한 쪽의 손을 올리며 각자 나무카드에 적은 자기 생물 이름을 외칩

니다(진행자가 오른손을 들면 마주보는 참가자는 같은 쪽의 손, 즉 왼손을 올립니다).

6 이때 진행자와 같은 쪽 손을 올린 사람은 자리에서 일어나고, 다른 쪽 손을 올린 사람은 제자리에 앉아 있습니다.

7 같은 방법으로 진행자가 한쪽 손을 올리며 "하나, 둘, 셋, 경칩!"이라고 말하면, 원 안의 참가자들은 한쪽 손을 올리며 각자 나무카드에 적은 생물 이름을 외칩니다.

8 이때 진행자와 같은 쪽의 손을 올린 사람 중 서 있는 사람은 원 밖으로 나가 서 있고, 앉아 있는 사람은 설 수 있습니다. 다른 쪽 손을 든 사람은 이전 자세를 유지합니다.

9 같은 방법으로 진행자가 한쪽 손을 올리며 "하나, 둘, 셋, 경칩!"이라고 말하면 원 안의 참가자들은 한쪽 손을 올리며 각자 나무카드에 적은 생물 이름을 외칩니다.

10 이때 진행자와 같은 방향의 손을 올린 사람 중 원 밖에 서 있는 사람은 깨어나 움직일 수 있고, 원 안에 서 있는 사람은 원 밖으로 나갈 수 있으며, 앉아 있는 사람은 설 수 있습니다. 다른 쪽 손을 든 사람은 이전 자세를 유지합니다.

11 진행자는 원 안의 참가자들이 모두 깨어날 때까지 놀이를 계속합니다.

묻고 답하기

- 경칩 절기가 되면 자연의 생명은 왜 깨어날까요?
- 경칩 절기에 무엇이 자연의 생명을 깨어나게 할까요?
- 경칩에 깨어난 곤충은 무엇일까요?
- 경칩에 깨어난 개구리는 어떤 종류의 개구리일까요?
- 나무는 어떻게 깨어날까요?
- 경칩 때 깨어나지 않으면 어떻게 될까요?
- 자연의 때에 민감하게 반응하지 않으면 어떻게 될까요?

경칩 절기놀이 ②
경칩이야, 깨어나!

입춘 때 봄바람이 불고 우수 때 비가 내리면 하늘은 겨우내 잠든 생명을 깨우기 시작합니다. 이때가 바로 곤충이나 개구리 등이 깨어나는 경칩입니다. 경칩 때 산개구리는 깨어나 짝을 찾아 알을 낳고, 곤충들도 알에서 깨어납니다. 또한 어른벌레가 알을 낳기도 하지요. 경칩 때 깨어나야 하는 이유는 봄을 준비하여 맞이하기에 적당한 때이기 때문입니다. 자연의 생명들이 깨어나는 경칩에 우리도 깨어나야 합니다. 이 놀이는 입춘부터 우수를 지나 경칩까지 어떻게 개구리가 깨어나는지, 잘 깨어나기 위해서는 어떻게 해야 하는지를 생각해 보게 합니다. 그리고 놀이를 한 후에는 '깨어남'의 의미와 자연의 생명들은 때를 잘 알고 사는데 우리 인간들은 왜 알지 못하는지에 관해서도 서로 이야기를 나누어 봅시다.

준비물 없음
장소 실외
대상 초등학생 이상

놀이방법

1 땅바닥에 지름 5미터 원을 두 개 이어서 땅콩 모양으로 만듭니다. 원과 원 사이 폭과 길이는 3미터로 합니다. 원 하나의 중앙에 한 사람이 들어갈 만한 작은 원을 만듭니다.
2 원 하나는 '땅속', 통로는 '경칩', 다른 원 하나는 '땅 밖'이라고 합니다.
3 참가자들을 '겨울바람'과 '개구리', 두 모둠으로 나눕니다.
4 '겨울바람'은 원 밖에 서 있고, 모둠원 중 한 사람은 '땅속' 작은 원 안에 쪼그려 앉아 있습니다. '개구리' 모둠은 '땅

속' 원에 있습니다.

5 진행자는 '개구리'들이 '겨울바람'의 방해를 받지 않고 경칩을 통과해 '땅 밖'까지 무사히 도착해야 봄을 맞이할 수 있다고 말해 줍니다.

6 진행자가 "봄이 왔어요"라고 말하면 '개구리'들은 '땅속'에서 '땅 밖'으로 가야 합니다. 이때 '겨울바람'들은 '개구리'들이 움직일 때 터치하여 개구리를 잡습니다.

7 '겨울바람'과 '개구리' 역할을 바꾸어 놀이를 한 후, 어느 모둠이 많이 깨어났는지 알아봅니다.

묻고 답하기

- 자연의 생명들은 어떻게 봄이 오는 것을 알 수 있을까요?
- 경칩 때 깨어나서 하는 일은 무엇일까요?
- 경칩 때 깨어나지 못하면 어떻게 될까요?
- 나는 때를 알고 깨어나서 살고 있나요?
- 사람들은 자연의 때를 왜 잘 알지 못할까요?

함께 나누면 좋은 절기 이야기

재미있는 절기 속담

"경칩 난 게로군"이라는 속담이 있는데요. 이 속담은 개구리가 경칩이 되면 겨울잠에서 일어나 입을 떼고 울기 시작하듯이 입을 다물고 있던 사람이 말문을 연다는 뜻입니다. "경칩이 되면 삼라만상이 겨울잠에서 깨어난다"라는 속담은 경칩 때 개구리와 벌레 등도 깨어나고, 풀의 새싹이 돋고, 나무의 겨울눈도 벌어지기 시작하기 때문에 삼라만상이 모두 깨어난다는 의미입니다. "우수·경칩에 김장독 터진다"는 말도 있습니다. 우수와 경칩 절기에는 기온이 올라가 날이 풀려서 따뜻하지만, 가끔 강한 꽃샘추위에 찾아와 김장독이 얼어 깨질 만큼 추울 수도 있다는 의미입니다.

기운을 북돋워 주는 절기음식

경칩 절기에 파릇파릇 돋아난 귀여운 어린 싹을 들나물로 먹을 수 있습니다. 들나물에는 쑥, 냉이, 달래, 머윗잎, 돌미나리, 벼룩이자리, 별꽃 등이 있는데, 그중에 뾰족뾰족 올라온 어린 쑥으로 음식을 만들어 보세요. 어린 쑥을 캐다가 깨끗하게 다듬어 씻어 놓고, 생들깨와 불린 쌀 한 줌을 넣어 갈아 놓은 다음 체에 밭쳐 거릅니다. 거른 뽀얀 국물을 끓여 쑥과 마늘, 조선간장을 넣어 한소끔 끓여서 쑥국으로 먹습니다. 손바닥보다 작은 머윗잎은 끓는 물에 데쳐 씻어 꼭 짜서 된장 한 숟가락, 다진 마늘 조금, 들기름을 두 바퀴 정도 돌려서 조물조물 무쳐서 먹습니다. 깨어나려고 물이 오른 나무들 사이로 꿈을 머금고 있는 생강나무 꽃송이 한두 개를 따서 흐르는 물에 씻어 챙겨 온 뜨거운 물에 우려 마셔 보세요. 단, 생강나무의 꿈을 지켜 주기 위해 너무 많이 채취하지는 않기로 해요.

춘분

3월 20일경

온봄 – 봄은 어떤 계절일까요?

태양의 중심이 적도赤道 위를 똑바로 비추어 양陽이 정동正東에 음陰이 정서正西에 있어서 춘분春分이라 합니다. 춘분은 밤낮의 길이가 똑같아지는 절기지만 이때를 기점으로 낮 시간이 밤 시간보다 서서히 길어집니다. 이제 추운 겨울이 지나고 따뜻한 날이 온다는 의미입니다. 낮에는 양의 기운이 강해 따뜻하지만 아침저녁으로는 음의 기운이 강해 쌀쌀합니다. 이때 꽃샘추위가 여전한데 갑자기 떨어진 영하 날씨 때문에 일찍 나온 개구리와 벌레들이 얼어 죽기도 합니다. 꽃샘추위는 자연의 생명들이 새로운 봄을 맞이하기 위한 통과의례 같은 것인데요. 한 해를 무사히 보내려면 꽃샘추위라는 시험을 잘 치러야 합니다.

춘분 초후 5일에는 제비가 남쪽에서 날아오고, 중후 5일에는 우렛소리가 들려오며, 말후 5일에는 그 해에 처음으로 번개가 친다고 했습니다. 춘분에는 여름에 우리나라에서 번식하는 대표적인 철새인 제비가 오기 시작하고, 양과 음의 기운이 서로 대등해서 천둥·번개가 치게 됩니다. 춘분 때 실제 절기 현상을 보면 천둥·번개가 치고 강한 비바람이 붑니다. 그리고 박새와 참새 같은 텃새들이 짝짓기도 하고요. 잎보다 꽃이 먼저 피는 진달래, 개나리, 벚나무, 목련, 살구나무가 차례로 꽃을 피웁니다. 춘분이 끝나 갈 즈음에 나무 새싹들이 올라오기 시작하고, 두꺼비가 알을 낳은 것을 볼 수 있습니다.

춘분 절기살이

춘분 절기는 동지 이후 점점 차오른
양의 기운이 음의 기운과 같아지고
거센 비바람과 천둥·번개 소리로
미처 깨지 못한 늦잠 생명들을
더 늦지 않도록 흔들어 깨우기 위해
새봄을 낳기 위한 하늘의 진통이
요란하게 시작되는 때입니다.

겨우내 봄 그리움과 설렘으로
가득한 벚나무 꽃봉오리들이
한껏 부풀려 만삭의 몸으로
꽃몸 풀기 시작한 요즈음
이곳저곳 봄꽃들이 한창입니다.

아직 꽃샘추위가 남아 있어

따뜻한 봄이 왔다고 성급하게
밖으로 나돌다가 큰코다치지요.
꽃샘추위는 봄 왔다고 나대지 말고
힘든 겨우살이 준비를 하듯이
늘 조심해서 살라는 말입니다.
어려운 시절 잊지 말고 살라는
죽비 같은 하늘 소리입니다.

지금은 우리도 깨어 있는 마음으로
올해 다짐하고 세웠던 일들을
어디에다 어떻게 심어야 할지
준비하고 또 준비해야 할 때입니다.

2019. 3. 21

춘분 절기놀이 1

아직 꽃샘추위야

춘분은 밤과 낮의 길이가 똑같아지는 절기로 이제 추운 겨울이 지나고 따뜻한 봄날이 왔음을 의미합니다. 이때쯤 꽃샘추위가 나타나는데 꽃샘추위는 차가운 바람과 함께 등장합니다. 봄이 되어 따뜻한 바람이 새싹이나 꽃봉오리들을 틔우고 있는데, 갑자기 차가운 바람이 불어 싹들을 주춤하게 하지요. 차가운 바람과 따뜻한 바람이 밀고 당기며 기싸움을 벌이다가 결국은 차가운 바람이 물러나겠지요. 이런 차가운 바람과 따뜻한 바람이 옥신각신하는 현상을 놀이에 가져왔습니다. 입춘에 골랐던 나의 작은 씨앗이 싹 트려고 할 때 방해하는 꽃샘추위 같은 바람은 어떤 것들이 있는지 생각해 봅시다.

준비물 기저귀 고무줄(참가자 수만큼), 흰 천과 검은 천 (흰 천, 검은 천 각각 참가자 수의 반으로 준비, 천의 길이는 20X60센티미터 정도)

장소 실내·실외 모두 가능
대상 6세 이상

놀이방법

1 참가자를 두 모둠으로 나눕니다.
2 참가자들의 허리에 기저귀 고무줄을 묶습니다.
3 한 모둠원은 허리 기저귀 고무줄 엉덩이 쪽에 흰색 천 '봄바람'을 매답니다.
4 다른 모둠원은 허리 기저귀 고무줄 엉덩이 쪽에 검은색 천 '꽃샘추위'를 매답니다.
5 진행자가 "시작"을 외치면 '봄바람'은 '꽃샘추위'를, '꽃샘추위'는 '봄바람'을 쫓아가서 허리에 매달려 있는 천을 빼앗

습니다.

6 모두 같은 색 천이 남아 있으면 놀이를 마칩니다(시간이 너무 걸리면 일정 시간을 정해 놓고 놀이를 진행합니다).

7 놀이를 마친 후 '봄바람'이 많으면 봄이 왔다는 사실을 축하하는 박수로 마무리하고, '꽃샘추위'가 많으면 아직 완전한 봄이 오지 않았기 때문에 힘을 내도록 운동장을 돌거나 서로 안아 주면서 마무리합니다.

묻고 답하기

- 춘분은 어떤 절기인가요?
- 꽃샘추위는 어떤 모습으로 나타날까요?
- 꽃샘추위 때 우리는 어떻게 해야 할까요?

춘분 절기놀이 ②
밖으로 안으로

동지 이후 서서히 따뜻한 양의 기운이 강해지기 시작하여 낮 길이가 점점 길어집니다. 춘분 무렵에는 낮과 밤의 길이가 같아지는데 이때 양의 기운과 음의 기운이 거의 같아져 서로 힘 자랑을 하게 되지요. 그래서 춘분 절기에는 기후가 불안하고 그해 처음으로 천둥·번개가 치게 됩니다. 춘분 무렵이 찬 기운과 따뜻한 기운이 만나 서로 힘을 겨루는 때라는 사실을 놀이를 하면서 알아봅시다.

준비물 줄(밧줄) 10미터 이상
장소   실내·실외 모두 가능
대상   유아 이상

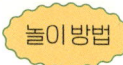 놀이방법

1 먼저 줄로 커다란 달팽이 등껍질 같은 나선형 '달팽이놀이'를 만듭니다.

2 '겨울'과 '봄' 두 모둠으로 나눕니다.

3 달팽이놀이 입구에는 '겨울' 집을, 한가운데에는 '봄' 집을 만듭니다. 출발선을 그린 다음, 각 모둠원은 출발선 밖에 달려갈 순서를 정해 서 있게 합니다(유아의 경우는 놀이 시작 전에 진행자가 미리 손을 잡고 달팽이 길을 따라서 어떻게 가는지 알려 주면 좋습니다).

4 '겨울' 모둠은 밖에서 안으로 달려가고, '봄' 모둠은 안에서 밖으로 달려갑니다(겨울은 찬 기운이 강하여 안으로 움츠러들고, 봄은 따뜻한 기운이 강하여 밖으로 나가려고 한다는 사실을 말해 주어도 좋습니다).

5 진행자가 "시작"을 외치면 첫 번째 사람이 서로를 향해 달려갑니다. 이때 마주치면 '겨울' 모둠은 "천둥", '봄' 모둠은 "번개"를 외치면서 서로 가위바위보를 합니다.

6 이긴 사람은 계속 앞으로 달려가고 진 사람은 자기 모둠 맨 뒤에 섭니다. 그리고 다음 사람이 자기 모둠 집에서 달려 나와 이긴 사람과 마주치면 다시 "천둥"과 "번개"를 외치며 가위바위보를 합니다.
7 상대방 집에 먼저 도착하는 모둠이 이깁니다.
8 진 모둠은 이긴 모둠원을 서로 한 사람씩 업어 줍니다.

묻고 답하기

- 낮과 밤의 길이가 같아졌나요?
- 춘분 무렵에는 어떤 절기 현상이 있나요?
- 춘분 때 천둥·번개는 왜 칠까요?
- 정말 봄을 느끼고 있나요?

함께 나누면 좋은 절기 이야기

재미있는 절기 속담

춘분에는 갑자기 기온이 내려가는 꽃샘추위 때문에 특히 노약자들이 일상생활에서 여러 가지 어려움을 겪게 됩니다. 그래서 춘분에는 "꽃샘추위에 설늙은이(반늙은이) 얼어 죽는다", "2월 바람에 김칫독 깨진다", "2월 늦추위에 중 발 터진다" 등 이에 관련된 속담이 많습니다. 춘분 무렵부터 농사일이 시작되어 농사 관련 속담도 많이 나오는데요. "2월(음력)에 눈이 내려야 보리 풍년이 든다"라는 말은 눈이 내려 보리를 덮으면 따뜻해서 얼어 죽거나 말라 죽지 않는다는 뜻이고, "춘분에 서풍이 불면 보리 흉년이 든다"라는 말은 찬바람을 의미하는 서풍이 불면 보리가 얼어 죽어 흉년이 든다는 말입니다.

기운을 북돋워 주는 절기음식

춘분에도 들나물이 최고지요. 달래, 원추리, 개망초, 씀바귀, 민들레잎, 봄보리싹, 돌미나리 등이 있습니다. 바구니 하나 들고 동네 언니들 뒤를 따라가다 보면 이제는 쑥과 벼룩이자리가 아닌 달래를 만나고 돌미나리를 만나게 됩니다. 이런 아이들을 발견하면 누가 올까 봐 바쁘게 뜯어 집으로 돌아왔지요. 엄마는 많이 캤다고 좋아하며, 다듬고 씻어 미나리전을 부쳐서 달래간장과 함께 막걸리 한 주전자를 내놓았고, 아버지는 얼굴 가득 함박웃음을 지으며 칭찬해 주었습니다. 다음날은 엄마가 손 호호 불며 차가운 물에 손 넣어 다슬기 한 사발 잡아 온 싹싹 닦아 씻어 놓고, 된장 풀어 텃밭에서 뽑은 파를 썰어 넣고 시원한 다슬기국을 끓여 주었습니다. 이때는 앞마당 매실나무에 핀 매화 한두 송이를 따서 툇마루에 앉아 햇빛 받으며 매화차를 마실 수 있습니다.

청명

4월 4일경

밝은봄 – 무슨 꽃을 피울까요?

청명은 이름 그대로 한 해 가운데 물이 가장 맑을 때이자 하늘도 맑고 날씨도 좋은 그야말로 가장 봄다운 절기입니다. 하지만 요즘에는 미세먼지와 황사 때문에 이름값을 제대로 못 하는 절기가 되어 버렸습니다. 청명을 봄다운 봄으로 느끼는 이유는 겨우내 죽은 듯 보이던 나무에서 꽃이 피고 잎이 나기 시작하기 때문이지요. 모든 생명이 생명력을 힘차게 분출하는 늦봄에는 온 천지에 양기가 가득해 벌과 나비뿐만 아니라 사람들도 가슴이 뛰고 마음이 설렙니다. 그러나 청명 때까지 아침저녁으로 쌀쌀한 꽃샘추위가 나타나기도 합니다. 청명 무렵에 비로소 밭을 갈며 봄 농사를 시작하는데, 논밭의 흙을 고르는 가래질도 이때 합니다. 청명 세시풍속으로 한식寒食이 있고 나무 심기에 적당해 식목 행사도 합니다.

청명 초후 5일에는 오동나무가 비로소 꽃을 피우며, 중후 5일에는 들쥐가 변해 종달새가 되고, 말후 5일에는 무지개가 비로소 나타난다고 했습니다. 초후에 핀다는 오동나무꽃은 중부지방에서는 말후에나 볼 수 있고요. 중후에 들쥐가 변하여 종달새가 되었다는 말은 들쥐가 뜸하게 보이고 대신 종달새가 잘 보인다는 뜻입니다. 청명 말후 무렵이 되어야 비가 내려 공기 중에 습기 때문에 무지개가 보입니다.

청명 때 실제 절기 현상을 보면 잦은 황사와 미세먼지로 나들이하기에 안 좋은 날이 많습니다. 하지만 여름 철새인 제비, 호랑지빠귀, 되지빠귀가 찾아오고, 산과 들에는 벚꽃이 만개하고 연둣빛이 가득해집니다.

청명 절기살이

춘래불사춘春來不似春!
봄은 왔지만 봄 같지 않다는
옛말이 생각나는 청명 절기입니다.
꽃샘추위가 심한 춘분도 지났건만
올봄 날씨는 정말 심상치 않은
알 수 없는 이상기후입니다.

거센 강풍에 비바람까지
연일 예상할 수 없을 만큼
요란하고 변덕스러운 날씨입니다.

봄기운이 더해지는 화창한 청명에
풀과 나무 들은 앞 다투어
꽃봉오리를 열고 있지만
벌과 나비 들은 쌀쌀한 찬바람에
제 할 일을 못하고 움츠리고 있습니다.
다행히 강한 바람으로
불청객 미세먼지는 사라졌지만
이러다가 아기 열매 제대로 맺힐지
심히 걱정되는 청명 절기입니다.

새봄 맞아 꽃을 피우는 청명 절기에
꽃을 보며 생각해 보아요.
나도 꽃을 피우고 있나요?
나는 무슨 꽃을 피우고 있나요?
나는 꽃처럼 살고 있나요?
내 삶에 벌 같은 길동무가 있나요?
나는 누구에게 벌 같은 길동무인가요?

2019. 4. 5

청명 절기놀이 ①

열매 맺어라

장소 꽃이 있는 숲과 공원
대상 유아 또는 초등학생 이상

4월 청명에는 많은 꽃들이 달콤한 향기와 맛있는 꿀을 담아 아름다운 색깔과 모습으로 피어납니다. 식물이 꽃을 피우는 이유는 열매를 만들기 위해서입니다. 그러려면 중매쟁이인 벌과 나비 등 여러 곤충이나 동물들의 도움이 필요합니다. 왜냐하면 식물은 꽃을 피우지만 벌과 나비 등 곤충이나 새 등의 다른 동물의 도움을 받아야 열매를 만들 수 있기 때문입니다. '열매 맺어라' 놀이를 하면서 어떤 생명도 혼자서 살 수 없고 서로 돕고 살아간다는 진리를 깨닫게 해 주세요. 꽃과 곤충처럼 우리도 다른 사람과 생명을 돕고 살리는 삶을 살아갈 수 있도록 함께 이야기를 나누어 봅시다.

준비물 암꽃, 수꽃, 벌 사진 표시판(각각 참가자 수만큼), 열매 스티커

놀이방법

1 참가자들에게 암꽃, 수꽃, 벌 사진 표시판을 한 세트씩 나누어 줍니다(61쪽 예시는 으름덩굴의 암꽃과 수꽃).

2 각자 돌아다니다가 세 명이 만나서 동시에 "열매 맺어라" 외치면서 자기 표시판을 아무거나 하나씩 동시에 내밉니다.

3 세 명이 내민 표시판이 벌과 암꽃과 수꽃이 되면 열매 맺을 수 있기 때문에, 이런 경우 참가자는 진행자에게 가서 빨간 열매 스티커 하나를 손등에 붙여 달라고 합니다.

4 세 명이 낸 표시판이 암꽃, 수꽃, 벌이 아닐 경우 "안녕" 인사하고 다른 사람을 찾아가 다시 원하는 표시판이 나올 때까지 반복합니다.

5 일정 시간까지 진행한 후 가장 많이 열매 스티커를 받은 사람을 열매왕으로 뽑고 꽃을 더 많이 피우라고 식물의 씨앗을 선물로 줍니다.

묻고 답하기

- 꽃은 왜 필까요? 꽃이 피지 않는다면 어떻게 될까요?
- 꽃이 피어 열매 맺으려면 누구의 도움이 필요할까요?
- 곤충이 없다면 어떻게 될까요?
- 꽃 피었다고 모두 열매 만들어질까요?
- 점점 벌들이 사라지고 있는데 왜 그럴까요?
- 벌들이 사라지면 어떤 일이 일어날까요?
- 나는 지금 어떤 꽃을 피울까요?
- 나는 누구의 도움을 받고 살아가고 있나요?

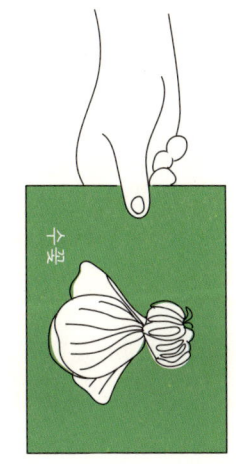

청명 절기놀이

○○나무에 싹이 났습니다

청명은 '봄다운 봄'으로 하늘도 맑고 날씨도 좋을 때입니다. 청명은 "부지깽이(아궁이 따위에 불을 땔 때, 불을 헤치거나 끌어내거나 거두어 넣거나 하는 데 쓰는 가느스름한 죽은 나뭇가지)를 꽂아도 싹이 난다"고 할 정도로 모든 생명이 생명력을 힘차게 내뿜는 시기로, 겨우내 죽은 것 같았던 나무에서 꽃이 피고 잎이 나기 시작합니다. 자연에서 싹이 나는 나무들을 찾아보고, 이름을 불러 주고, 놀이를 하면서 햇볕이 나무의 싹을 틔우고 자라게 한다는 사실을 알아봅니다.

준비물 없음
장소 실내·실외 모두 가능
대상 6세 이상

놀이방법

1 싹이 나 있는 주변의 나무를 찾아보고, 싹이 나 있는 나무 이름을 참가자 한 사람 한 사람의 이름으로 지어 줍니다.

2 참가자(나무)는 둥글게 하나의 원을 만들어 쪼그리고 앉습니다.

3 진행자는 '해님'이 되지만 가끔은 '꽃샘추위' 역할도 합니다.

4 '해님'은 옆으로 이동하며 쪼그리고 앉아 있는 한 사람(나무) 한 사람(나무)의 어깨를 터치하며 "햇볕"이라고 말합니다. '해님'이 터치한 사람들은 본인의 나무 이름인 "○○나무에 싹이 났습니다!"를 외치며 일어났다 앉습니다.

5 만약 '해님'이 터치하다 "꽃샘추위"를 말하고 도망가면 터치를 당한 나무는 '꽃샘추위'가 되어 '해님'을 따라가서 잡습니다.

6 '해님'이 '꽃샘추위'에게 잡히면 모든 나무들은 제자리에서 쪼그려 뛰기를 다섯 번씩 합니다. 이때 "빨리 싹이 나고

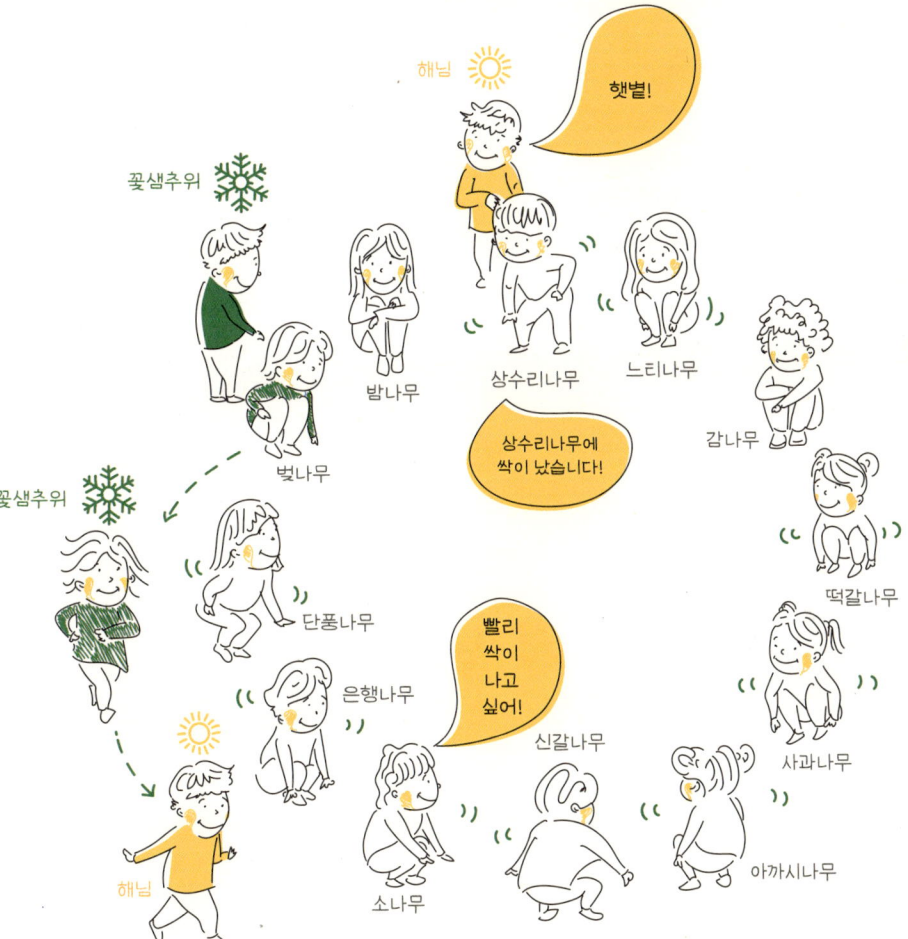

싶어"라고 외치면서 폴짝 폴짝 폴짝 폴짝 폴짝 뜁니다(쪼그려 뛰기 횟수는 조절할 수 있습니다).

7 '꽃샘추위'가 '해님'을 잡지 못하고 '꽃샘추위' 자리까지 오면 '꽃샘추위'가 '해님'이 되어 놀이를 진행합니다(유아를 대상으로 할 경우 '꽃샘추위'를 추가하지 않고 '해님'이 나무를 터치하면 "○○나무(자기 이름)에 싹이 났어요"까지만 진행합니다).

묻고 답하기

- 청명은 어떤 절기인가요?
- 청명 절기에는 해님이 어떤 모습일까요?
- 청명 절기에 어떤 나무들이 싹을 내고 꽃을 피울까요?
- 나의 소망씨앗은 싹이 나고 있나요?

함께 나누면 좋은 절기 이야기

재미있는 절기 속담

"한식에 죽으나 청명에 죽으나"라는 속담이 있는데요, 이 속담은 한식과 청명이 하루밖에 차이가 나지 않는다는 뜻으로 그날이나 그날이나 별 차이 없다는 말입니다. 농사를 준비하는 청명에는 농사에 도움이 되는 비에 대한 속담이 많습니다. "청명 무렵에는 비가 잦다", "봄비가 잦으면 풍년이 들어 인심이 좋아진다", "봄비는 쌀비고 기름이다", "봄비는 벼농사 밑천이다", "봄비는 올수록 따뜻해지고 가을비는 올수록 추워진다", "봄비는 일비, 여름비는 잠비, 가을비는 떡비, 겨울비는 술비다" 등이 있습니다. 그리고 나무에 물이 오르기 시작하는 청명은 나무 심기에 적당한 때입니다. 이와 관련된 속담에는 "청명에는 부지깽이를 꽂아도 싹이 난다. 청명 한식에는 아무 데나 아무 나무를 심어도 산다"가 있습니다.

기운을 북돋워 주는 절기음식

청명에는 지난해에 만들어 겨우내 먹고도 남은 묵나물을 먹습니다. 묵나물로는 다래순, 두릅, 고사리, 고비, 참취, 곰취, 참죽나무 등이 있습니다. 옛날에는 청명 즈음에 뾰족뾰족 올라와 막 펴지기 시작한 화살나무순을 훑어서 홀잎밥을 짓곤 했습니다. 그리고 강된장 한 숟가락 넣어 쓱쓱 비벼 먹고 산으로 나가 입술이 파래지도록 진달래꽃을 따서 먹었지요. 또 진달래꽃을 한아름 따다가 바쁜 엄마 조르고 졸라 화전도 해 먹었습니다. 또 엄마가 빛이 잘 드는 밭에서 쑥쑥 자란 쑥을 베어다 쑥버무리를 해 주면 한 덩이 들고 나가 골목길에서 친구들과 나누어 먹기도 했지요. 쑥개떡도 해 먹었는데 목련 꽃잎 한 장 떼어 뜨거운 물에 우린 목련 꽃차와 마시면 정말 좋았어요.

곡우

4월 19일경

씨앗비 – 무슨 씨앗을 심을까요?

곡우의 '곡穀'은 '곡식, 기르다, 양육하다, 살다, 생장하다'라는 의미입니다. '씨앗비' 곡우는 '살리는 비, 기르는 비'라는 깊은 뜻이 있습니다. 곡우에는 해의 기운이 점점 강해져 쌀쌀한 기운이 점차 사라지고 완연한 봄 날씨가 나타납니다. 한낮 기온이 20도 이상 올라가기 때문이지요. 곡우는 입춘에서 청명에 이르는 동안 정성스럽게 마련한 종자를 마음 모아 심어서 씨앗 뿌리가 잘 내리도록 촉촉하게 비가 내려야 하는 때입니다. 하지만 실제로는 이때 봄 가뭄이 들어 농부들을 걱정하게 만들 때가 많습니다. 사실 곡우는 절기 동안 때마침 비가 내려 붙여진 이름이라기보다 비를 바라는 농부들의 간절한 소망이 담긴 것이라 할 수 있습니다.

곡우 초후 5일에는 수중식물인 마름(물풀)이 생기고, 중후 5일에는 산비둘기가 깃을 털며, 말후 5일에는 뻐꾸기가 뽕나무에 내린다고 했습니다. 산비둘기가 깃을 턴다는 것은 여름 깃으로 깃갈이를 한다는 의미입니다. 뻐꾸기가 뽕나무에 내린다는 것은 여름에 찾아온 뻐꾸기가 뽕나무에서 많이 발견된다는 것인데, 아마 옛날에는 누에치기를 많이 해서 뽕나무가 많았기 때문인 것 같습니다.

곡우에는 복사나무, 수수꽃다리, 콩배나무의 꽃이 활짝 핍니다. 진딧물이 많이 모이는 느티나무 같은 나무껍질에서는 무당벌레가 짝짓기를 하고 뒤흰띠알락나방 애벌레도 보이지요. 그리고 여름 철새인 소쩍새, 휘파람새, 벙어리뻐꾸기가 찾아와 짝을 부르는 노래를 합니다. 비가 내리면 청개구리와 참개구리도 크게 노래합니다. 비가 내리고, 잎은 점점 녹색으로 변하여 연둣빛이 사라지고, 오동나무와 귀룽나무의 꽃이 피며, 5월 초에는 송홧가루와 꽃가루가 많이 날려 알레르기를 유발하기도 합니다.

곡우 절기살이

온 천지에 꽃비 날리는 꽃세상
나뭇가지마다 연둣빛 물결
힘찬 생명 기운으로 가득하지요
이제 겨우내 고르고 고른 씨앗
삶의 밭에 뿌려야 할 곡우입니다.
봄 씨앗은 청명이 지나서야
비로소 뿌립니다.

한 생명이 태어날 때도 그렇지만
한 알의 씨앗이 땅에 떨어져
새싹이 나오는 일은 그냥 저절로
우연히 되지 않습니다.
생명 탄생은 숱한 인연과 인연이
닿아야 가능하다는 말입니다.
소한 대한에 좋은 씨앗 준비하고
입춘 지나 춘분까지 언 땅을 녹여
부드럽게 흙을 풀어 놓고
청명에는 따뜻한 봄기운으로
양기 가득 채워 땅속 음기
사라지게 한 뒤에야 씨앗을 심습니다.
곡우가 되어서야 씨앗 품을 수 있는
기운이 만들어지기 때문입니다.
정호승 시인은 "꽃씨 속에
숨어 있는 잎을 보려면
흙의 가슴이 따뜻해지기를
기다려야 한다" 했습니다.

나는 지금 어떤 씨앗을 뿌리고 있나요?
나는 어디에 어떻게 뿌리고 있나요?
씨앗을 품은 내 가슴은
따뜻해지고 부드러워졌나요?

2019. 4. 20

곡우 절기놀이 1
말씨앗 심기

곡우는 '씨앗비'라는 의미로 씨앗을 뿌리고 나서 비를 내려 달라는 소망이 담긴 절기 이름입니다. 우리는 살아가면서 수많은 씨앗을 뿌리고 삽니다. 농부들이 뿌리는 씨앗뿐만이 아니라 사람과 관계 맺으면서 그 속에서 표현되는 생각씨앗, 말씨앗, 행동씨앗 등 우리 삶에서 뿌리는 씨앗도 아주 많습니다. 이 놀이를 하면서 마음속에 어떤 말씨앗을 심었느냐에 따라 '좋은 말'이 나갈 수도 있고, '나쁜 말'이 나갈 수 있다는 사실을 깨닫고, 그 말씨앗에 따라 내 삶의 결과(열매)가 달라질 수 있다는 것을 생각해 봅시다.

준비물 밧줄, 좋은 말·나쁜 말·마음 카드
입술 모양 링, 주머니(또는 바구니)

장소 실내·실외 모두 가능

대상 6세 이상

놀이방법

1 참가자 세 명이 한 모둠이 되게 합니다.
2 한 모둠이 된 참가자들은 주머니(또는 바구니) 속에 들어 있는 '마음', '좋은 말', '나쁜 말' 카드 중 아무거나 뽑고 각자 '마음', '좋은 말', '나쁜 말' 역할을 합니다.
3 밧줄로 출발선을 표시합니다.
4 출발선으로부터 10미터 떨어진 곳에 입술 모양 링을 놓고 '입술'이라 합니다.
5 '입술' 링 뒤 양쪽에 밧줄로 동그랗게 '나쁜 말'과 '좋은 말' 방을 만듭니다.
6 '좋은 말'과 '나쁜 말'은 출발선에 섭니다.
7 '마음'은 출발선과 '입술' 중간에 섭니다.

8 진행자가 "시작"이라고 말하면 '마음'은 순서 관계없이 "좋은 말", "나쁜 말"을 외칩니다.

9 '좋은 말'과 '나쁜 말'은 출발선에 서 있다가 '마음'이 "좋은 말"을 외치면 '좋은 말'이 한 걸음씩, "나쁜 말"을 외치면 '나쁜 말'이 한 걸음씩 '입술' 쪽으로 나아갑니다.

10 이때 '마음'이 "좋은 말"을 외치면 '좋은 말' 카드를 가진 사람이 한 걸음 입술 방향으로 나아가며 본인이 생각하는 '좋은 말'을 외칩니다. '마음'이 "나쁜 말"이라고 외치면 '나쁜 말' 카드를 가진 사람이 한 걸음 입술 방향으로 나아가며 본인이 생각하는 '나쁜 말'을 외칩니다.

11 '좋은 말'과 '나쁜 말' 중 한 사람이 입술을 통과하고, 입술을 통해 나온 사람과 '마음' 카드를 가진 사람은 함께 밧줄 방으로 들어갑니다('좋은 말'이 나오면 '좋은 말'과 '마음'은 '좋은 말' 동그라미 밧줄 안에 들어가고, '나쁜 말'이 나오면 '나쁜 말'과 '마음'이 함께 '나쁜 말' 동그라미 밧줄 안에 들어갑니다. 입술을 통과하지 못한 '좋은 말'이나 '나쁜 말'은 다른 모둠이 진행할 때 함께 움직입니다).

12 모든 모둠이 진행할 때까지 해 보고, 역할을 바꾸어서 도 진행해 봅니다.

묻고 답하기

- '마음'은 좋은 말을 외칠 때, 나쁜 말을 외칠 때 어떤 기분이 들었나요?
- '좋은 말'은 좋은 말을 외칠 때 기분이 어땠나요?
- '나쁜 말'은 나쁜 말을 외칠 때 기분이 어땠나요?
- 좋은 말과 나쁜 말에는 어떤 말이 있을까요?
- 최근에 좋은 말과 나쁜 말을 사용했을 때 기분이 어땠나요?
- 내 마음속에는 어떤 말의 씨가 많이 있을까요?

이런 이야기도 들려주세요!

체로키족 인디언 노인이 손자를 무릎에 앉히고 이렇게 말했다. "사람들의 마음속에는 늘 늑대가 두 마리가 살고 있단다. 그중 한 마리는 악마 같아서 마음에 부정적인 생각이 가득 차 있지. 분노, 슬픔, 후회, 열등감, 거짓 같은 것 말이다. 세상의 온갖 것들은 모두 품고 있단다. 그런데 다른 한 놈은 착한 놈이라서 기쁨, 평화, 친절, 진실, 사랑 등 세상의 온갖 선한 것들을 모두 품고 있단다. 그 두 마리는 언제나 으르렁거리며 지금 이 순간에도 끊임없이 싸우는 중이란다."

이 이야기를 듣고 있던 손자가 곰곰이 생각하다가 이렇게 물었다. "할아버지 그러면 그 두 마리 늑대 중에 어느 쪽이 이기는 거예요?" 그러자 할아버지는 미소를 지으며 손자에게 이렇게 대답했다. "네가 먹이를 주는 놈이 이긴단다."

● 김욱동 《인디언의 속삭임》 중에서

곡우 절기놀이

웃는 얼굴, 찡그린 얼굴

곡우 때는 땅속까지 차가웠던 기운이 사라지고 씨앗을 품고 싹을 낼 만큼 따뜻해집니다. 그래서 사람들은 곡우가 되어서야 씨앗을 뿌립니다. 씨앗을 뿌리고 싹이 터서 잘 자랄 수 있도록 비가 내려 주었으면 하는 마음이 담겨 곡우라는 절기가 만들어진 것이지요. 우리의 삶은 매일매일 씨앗을 뿌리는 일입니다. 우리는 삶 속에서 생각으로, 행동으로, 말로 많은 씨앗을 뿌리는데요. 행동의 씨앗에는 다른 사람을 살리는 씨앗과 다른 사람을 힘들게 하는 씨앗이 있습니다. 절기놀이를 하면서 다른 사람에게 생명과 힘이 되는 햇볕 같은 따뜻한 행동의 씨앗은 무엇인지, 그런 씨앗을 뿌리기 위해서는 어떤 마음으로, 어떻게 뿌리면 좋을지 생각해 봅시다.

준비물 웃는 표정과 찡그린 표정 그림판(참가자 수만큼),
좋은 행동씨앗·나쁜 행동씨앗 카드, 주머니
한 개(행동씨앗 주머니),
나뭇잎을 붙인 나무판(두 개), 밧줄 두 개
장소 실내·실외 모두 가능
대상 7세 이상 ~ 초등학교 저학년

놀이방법

1 참가자들은 주머니에서 표정 그림판을 하나씩 뽑아서 웃는 모둠과 찡그린 모둠으로 나눕니다.

2 바닥에 밧줄로 표정 마음밭을 두 개 만들고, 모둠별로 밭에 들어가 한 줄로 서게 합니다.

3 나무판은 나뭇잎을 열 개씩 붙여서 3미터쯤 떨어진 곳에 따로 놓아 두고, 교사는 '생각'이 되어 두 나무판 사이에 행동씨앗 주머니를 들고 섭니다.

4 '생각'은 씨앗 주머니에서 행동씨앗 카드 하나를 뽑아서 읽습니다.

5 '생각'이 '좋은 행동씨앗' 카드를 뽑으면 웃는 모둠이, '나쁜 행동씨앗' 카드를 뽑으면 찡그린 모둠이 마음밭에서 한 걸음씩 움직여 '마음밭' 밖으로 나옵니다(한 모둠 전체가 함께 이동합니다).

6 웃는 모둠원이 '마음밭'을 모두 통과하면 맨 앞 사람이 달려가서 웃는 나무판에 바구니 속 나뭇잎을 한 장씩 붙입니다.

7 찡그린 모둠원이 '마음밭'을 모두 통과하면 맨 앞 사람이 달려가서 찡그린 나무판에 있는 나뭇잎을 떼어서 바구니에 담습니다.

8 어느 쪽이든 모둠원이 모두 '마음밭'을 통과해야 활동이 종료됩니다.

묻고 답하기

- 좋은 행동을 보거나 나쁜 행동을 보면 기분이 어떤가요?
- 어떤 행동이 좋은 행동이고, 나쁜 행동일까요?

함께 읽어 보아요

삶은 씨앗을 뿌리는 일이지요.

하루에도 수없이 씨앗을 뿌리지요.

말로 뿌리고

몸으로 뿌리고

생각으로 뿌리지요.

나는 지금

어떤 씨앗을 뿌리고 있나요.

어떤 씨앗에 물을 주고 있나요.

어떤 씨앗이 자라고 있나요.

뿌린 대로 거둔다는

씨앗 소리를 깊게 새겨야 할

곡우 때 하늘 이야기지요.

곡우 절기놀이 3
좋은 마음밭을 만들어요

곡우는 뿌린 씨앗에서 나온 싹이 잘 자라도록, 하늘에서 비가 내리기를 간절히 바라는 마음으로 맞이하는 절기입니다. 우리가 날마다 말과 행동, 생각으로 좋은 씨앗을 뿌려도 내가 좋은 마음밭을 품고 있지 못하면 건강하고 따뜻한 마음 씨앗이 자랄 수 없습니다. 다른 생명과 조화롭게 살기 위해서는 좋은 말과 좋은 행동이 필요합니다. 주는 이가 좋은 말과 행동을 해도 받는 이가 좋은 마음이 아니면 관계가 좋을 수 없습니다. 좋은 열매를 거두고자 하는 농부의 마음으로 좋은 마음밭이란 무엇인지, 어떻게 해야 좋은 마음밭을 만들 수 있는지 생각해 봅시다.

준비물 밧줄 세 개, 보자기(하트가 그려 있는 정사각형 보자기) 두 개, 은행 50개('좋은 말'에 해당하는 단어를 쓴다), 씨앗 바구니 한 개
장소 실내·실외 모두 가능
대상 7세 이상

놀이방법

1 두 모둠으로 나누고 던질 순서를 정합니다.
2 밧줄로 선을 긋고 그 선에서 1미터 떨어진 곳에 밧줄로 사람 모양 두 개를 그립니다.
3 사각형 보자기 네 귀퉁이를 가운데 한 점에 모이도록 접어 마음밭을 만들어 사람의 가슴에 올려 놓습니다.
4 모둠별로 선 안쪽에 한 줄로 서 있고, 각 모둠 사이에 씨앗 바구니를 놓습니다.
5 씨앗 바구니에서 씨앗을 한 개씩 꺼내어 씨앗에 적힌 단어('사랑'이면 사랑합니다!)를 외치며 한 사람씩 던집니다.

1미터

6 마음밭에 씨앗이 떨어지면 던진 사람이 접은 면을 하나씩 펼칩니다.

7 마음밭을 접은 보자기 안에 하트 모양이 완전히 나올 때까지 던집니다.

8 먼저 하트 모양이 나와 좋은 마음밭을 완성한 모둠이 이깁니다.

묻고 답하기

- 좋은 밭은 어떤 밭일까요?
- 나쁜 밭은 어떤 밭일까요?
- 좋은 밭과 나쁜 밭 중 어떤 밭에서 씨앗이 잘 자랄까요?
- 좋은 씨앗이란 무엇일까요?
- 씨앗은 어떤 마음으로 심어야 할까요?

함께 나누면 좋은
절기 이야기

재미있는 절기 속담

씨앗을 뿌리며 본격적인 농사철에 들어서는 곡우에는 농사에 관련된 속담이 대부분입니다. "곡우에 가물면 땅이 석 자나 마른다"라는 속담은 곡우에 가뭄이 들면 그해 농사를 망친다는 뜻입니다. 이와 비슷한 속담으로 "산 내린 바람(높새바람) 맞으면 잔디 끝도 마른다" 등이 있습니다. 그리고 곡우에 비가 와야 식물이 뿌리를 잘 내릴 수 있고 농사가 잘 되기 때문에 "곡우에는 눈이 와도 풍년이 든다. 곡우에 비가 오면 풍년이 든다. 곡우에 모든 곡물이 잠을 깬다"는 속담이 있습니다.

기운을 북돋워 주는 절기음식

곡우 때는 산나물을 많이 해 먹을 수 있습니다. 산나물로는 취, 고사리, 고비, 다래순, 두릅, 엄나무순, 참죽나무순, 오갈피나무순 등 있습니다. 큰 앞주머니 차고 야산에 올라가 취, 잔대순, 삽주싹을 뜯어와 데치고 씻어 물기를 꼭 짠 다음 듬성듬성 썰어 고추장 조금, 된장 조금, 다진 마늘 조금, 들기름을 넣어 조물조물 무쳐 밥 한 그릇 뚝딱 먹으면 야산이 통째로 내가 됩니다. 그리고 어린 쑥으로 한 튀김과 작년에 꽃으로 담근 복사나무꽃술(도화주)이나 진달래술(두견주)을 마시면 세상에 부러울 게 없겠지요.

여름
절기놀이

입하

5월 5일경

드는여름 – 여름을 어떻게 맞이할까요?

입하는 바야흐로 뜨거운 여름의 시작을 알리는 절기입니다. 이제 남은 음기마저 모두 사라지고 양기가 온 우주에 가득해 자신의 기운을 마음껏 펼치는 때여서 제법 여름 날씨가 나타나기 시작하지요. 더워지기 시작한 햇볕은 연둣빛 작은 나뭇잎을 쑥쑥 키워 숲을 채워 하늘을 덮게 하고, 땅 위의 온갖 풀들이 자기 모습대로 쑥쑥 자라게 합니다. 산과 들의 연둣빛은 짙은 초록으로 바뀌기 시작하고, 물 고인 논에는 개구리 우는 소리가 들리며, 마당에는 지렁이가 꿈틀거리고, 참외꽃이 피기 시작합니다. 묘판에는 볍씨 싹이 터 모가 한창 자라고, 보리 이삭이 패기 시작합니다. 입하 중후 무렵 찔레꽃이 피기 시작하는데, 이때부터 하지 무렵까지 가물어 '찔레꽃가뭄'이라는 말이 생겼습니다.

입하 초후 5일에는 청개구리가 울고, 중후 5일에는 지렁이가 나오고, 말후 5일에는 왕과(쥐참외) 싹이 나온다고 했습니다. 입하 때는 비가 자주 내리기 때문에 청개구리가 울고 지렁이가 많이 보입니다. 말후에 나오는 왕과는 예전에는 민가 주변에서 흔히 볼 수 있었고 약재로 많이 사용했습니다. 하지만 지금은 골목길이 모두 포장이 되어 찾아볼 수가 없습니다.

입하 때 실제 절기 현상으로는 좀 늦게 찾아오는 꾀꼬리, 뻐꾸기, 검은등뻐꾸기, 솔부엉이, 울새 등을 볼 수 있습니다. 아까시나무, 찔레꽃, 장미 등의 꽃이 피기 시작하지요. 이른 모내기를 한 곳도 있고, 비 온 뒤 맹꽁이가 울기도 합니다. 날이 제법 뜨거워져 여름 날씨가 나타나며, 입하 무렵 잦고 큰 비로 봄 가뭄이 사라집니다. 나뭇잎들은 잎을 활짝 펼쳐 보이고, 때죽나무 등은 이듬해 잎과 꽃을 낼 겨울눈을 만들기 시작합니다.

입하 절기살이

해님의 계절 입하, '드는여름'입니다.
봄 동안 맺은 작은 자기 열매를
생명 사랑이 듬뿍 담긴 햇볕으로
여름 동안 가득 가득 채워서
제 모양 제 크기로 키워 내기 위해
잘 준비하고 맞이하는 절기입니다.

보이지 않는 해님의 생명 사랑이
드디어 아기 열매로 드러나는
입하 때 내게는 무엇이 열렸나요?
올해 하고자 했던 일들이
지난 봄 동안 싹 트고 꽃 피워
뭔가 드러나고 있나요?

입하 절기에 다시 생각해 보아요.

어떤 씨앗을 어떻게 뿌렸는지
싹이 잘 나고 꽃은 잘 피웠는지
나와 함께하는 사람들이 있는지
올해 내 삶의 열매가 드러나고 있는지

사랑은 그저 오거나 받는 것이 아니지요.
사랑은 사랑스러울 때 오고 받지요.
내 모습은 사랑을 받을 수 있나요.
생명 사랑을 품고 받을 수 있는
나뭇잎 같은 그릇은 잘 준비되었나요?

그리고
누군가에게 마음껏 나누어 줄 수 있는
햇볕 같은 생명 사랑이 준비되어 있나요?

2019. 5. 6

입하 절기놀이 1
열매가 열렸어요

입하 절기에는 나무에서 작은 아기 열매들을 볼 수 있습니다. 봄에 많은 꽃이 피었다고 그 꽃들이 모두 열매를 맺는 것은 아닙니다. 햇볕밥을 충분히 먹고, 바람과 곤충 같은 어려움을 견뎌 내야만 열매를 만들 수 있습니다. 입하에는 아기 열매를 찾아보고, 꽃이 힘들게 아기 열매를 만드는 과정을 생각해 봅니다. 그리고 입춘에 준비했던 나의 씨앗이 어느 정도의 열매를 만들었는지, 내 열매가 만들어지기까지 어떤 환경과 사람들의 도움이 있었는지를 알아봅시다.

준비물   밧줄
장소   실외
대상   7세 이상

놀이방법

1 밧줄로 참가자들이 동그랗게 설 만한 원을 만들고 '나뭇가지'라 합니다.

2 참가자들은 '아기 열매'라고 하고 밧줄을 앞에 놓고 동그랗게 섭니다.

3 참가자 한 사람이 펄쩍 뛰어 밧줄을 밟았다 제자리로 돌아오며 "햇볕밥 한 그릇 먹었습니다!" 외치면, 참가자 두 사람이 펄쩍 뛰어 밧줄을 밟았다 제자리로 돌아오며 "햇볕밥 두 그릇 먹었습니다!" 외치고, 참가자 세 사람이 펄쩍 뛰어 밧줄을 밟았다 제자리로 돌아오며 "햇볕밥 세 그릇 먹었습니다!"라고 외칩니다.

4 이렇게 숫자를 늘려가며 참가자 모두의 숫자만큼 '햇볕밥'을 먹으면, 모든 참가자들이 밧줄 위에 한 발로 서서 열까지 센 후 처음부터 다시 시작합니다.

5 놀이 중간에 한 사람, 두 사람, 세 사람, 순차적으로 밧줄에 올라서지 못하면 한 사람부터 다시 반복해서 시작합니다.

묻고 답하기

- 입하 절기에 어떤 나무들의 아기 열매를 찾을 수 있을까요?
- 아기 열매들이 나뭇가지에 매달려 있을 때 어떤 느낌이었을까요?
- 무엇이 아기 열매들이 잘 열리도록 도와주었을까요?
- 나에게는 지금 어떤 열매들이 만들어지고 있을까요?
- 내 열매가 잘 만들어지도록 누가 도와주고 있나요?

입하 절기놀이 ②
햇볕이 되어 주자

입하 때 해님은 뜨거운 빛으로 자신의 기운을 마음껏 펼치며 그 빛을 골고루 나누어 줍니다. 그 빛은 나무를 비롯한 다른 생명을 살리고 키우는 힘이 됩니다. 나무들은 뜨거운 햇볕을 받아 나뭇잎에 해님의 생명 사랑을 가득 채워 자신도 살아가고 애벌레와 새도 키우면서 다른 생명과 함께 살아갑니다. 어떻게 해야 우리도 나무와 해님처럼 생명 사랑을 함께 나누며 살아갈 수 있을지, 주변의 다른 생명 친구들에게 해님이 되어 줄 수 있을지 생각해 봅시다.

준비물 종이부채(참가자 수만큼), 네임펜
장소 실내·실외 모두 가능
대상 초등학교 3학년 이상

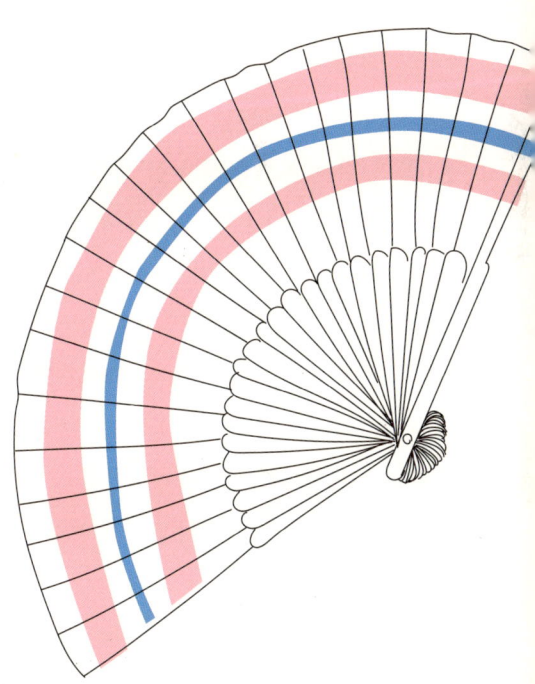

놀이방법

1 백창우 선생님의 '햇볕'을 부르며 동그랗게 앉습니다.
2 진행자는 종이부채 한 개와 네임펜을 나누어 줍니다.
3 종이부채에 자기 이름을 쓰고 지금 나의 고민거리가 무엇인지 간단히 적습니다.
4 고민거리를 적은 부채를 한 칸씩 옆으로 돌립니다. 다른 참가자의 고민거리를 보고 그 친구에게 힘이 될만한 말을 쓰고 부채를 접은 후에 또 옆으로 전달합니다.
5 그렇게 한 바퀴를 돈 나의 부채가 자신에게로 돌아오면 부채를 펼쳐 친구들이 써 준 힘이 되는 말을 읽어 봅니다.
6 옆 친구의 부채와 바꾼 후에 그 부채에 적힌 힘이 되는 말을 해주며 부채질을 해 줍니다.
7 해님의 마음으로 따뜻하게 서로 안아 주면서 인사를 나눕니다.

묻고 답하기

- 햇볕 속에는 무엇이 들어 있을까요?
- 나뭇잎은 무엇을 먹을까요?
- 애벌레와 새들은 무엇을 먹고 살아갈까요?
- 우리가 먹는 밥에는 무엇이 들어 있을까요?
- 음식 말고 우리에게 힘이 되는 것이 무엇이 있을까요?
- 다른 사람을 안아 주었을 때 기분이 어땠나요?
- 어떤 마음으로 안아 주면 좋을까요?

함께 나누면 좋은 절기 이야기

재미있는 절기 속담

"입하에 하늘이 맑으면 크게 가문다"다는 속담이 있습니다. 하늘이 맑다는 말은 햇빛이 강하게 내리쬐고 비가 오지 않는다는 의미입니다. "입하에 벌써 그늘 찾는다"라는 속담은 입하 무렵부터 땀을 흘릴 만큼 날씨가 뜨거워져 그늘을 찾게 된다는 말입니다.

기운을 북돋워 주는 절기음식

입하 때는 여러 가지 들나물을 해 먹을 수 있습니다. 이 시기에 들나물로는 파드득나물, 참죽나무순, 왕고들빼기, 죽순 등이 있지요. 뒤뜰 담벼락에 올라 참죽나무순을 따다가 밀가루 반죽을 묽게 해서 전을 지지면 그 향이 일품입니다. 많은 어른들이 독특한 그 맛을 잊을 수 없는 고향의 맛이라고 말합니다. 이때 나오는 텃밭 채소로는 달래와 부추, 상추와 쑥갓 등이 있고, 지난해 씨앗이 떨어져 돋아난 들깨와 메밀 새싹도 맛있는 나물이 됩니다. 어린 상추를 솎아서 잘 다듬어 씻은 후에 다진마늘, 실파, 고춧가루, 소금, 식초를 넣어 새콤하게 냉국을 만들어 그해 처음으로 먹어 보아도 좋겠습니다.

소만

5월 20일경

초록가득 – 내 안에 무엇을 채울까?

'작은 것이 가득찬다'라는 의미의 소만小滿은 양기로 새봄에 난 나뭇잎이 온전히 펴져 제 모습을 드러내는 절기로, 조그마한 잎이 커져 천지를 가득 차게 한다는 의미가 담겨 있습니다. 그래서 소만 때 숲에 가면 그전까지 듬성듬성 보이던 하늘이 나뭇잎으로 가득 차서 완전히 가려져 있는 걸 보게 됩니다.

소만 무렵이면 모내기 준비에 바빠지는데, 이른 모내기와 가을보리 먼저 베기 같은 작업은 물론 여러 가지 밭농사와 김매기 등 해야 할 일이 줄을 잇습니다. 옛날에는 모가 성장하기까지 45~50일 정도 걸렸지만 지금 비닐 모판에서는 40일 안에 충분히 자랍니다. 농부들은 소만에 한 해 제일 바쁜 시기로 접어드는데, 요즘은 모내기가 한층 빨라져서 중부지방에서는 5월 초부터 시작합니다. 소만이 되면 여름 분위기가 물씬 풍기는데요, 모내기 준비가 한창이거나 이미 모심기가 끝난 논이 만들어 내는 연푸른 들판과 넘실거리는 논물 풍경이 볼 만합니다.

소만 초후 5일에는 씀바귀가 뻗어 오르고, 중후 5일에는 냉이가 누렇게 죽어 가며, 말후 5일에는 보리가 익는다고 했습니다. 소만이 되면 냉이 등 이른 봄에 꽃을 피우는 풀들의 열매는 벌써 익어 가며, 나무의 어린잎들은 완전히 자라 하늘을 덮습니다. 소만 때 실제 절기 현상은 쥐똥나무와 인동덩굴이 강한 향기를 내며 꽃을 피우고, 지난해 가을에 알을 낳은 무당거미와 사마귀의 알이 부화합니다. 소만 때 낮 기온은 30도가 넘어 첫 폭염특보가 내려지기도 하고, 일평균 기온이 20도 이상 올라가기 시작합니다. 6월 초에는 감나무, 대추나무, 밤나무 등 과실이 달리는 나무들이 꽃을 피우기 시작합니다.

소만 절기살이

꼬물꼬물 갓난아기 손가락 같던
귀여운 어린 새싹들이 어느새
제 모양 제 크기를 갖추고
초여름 숲을 가득 메운 소만 절기에
연둣빛이 초록으로 변하여
살랑살랑 부는 바람에도
은하수 별처럼 반짝거리네요.

초록잎 세상인 소만 절기에
모양도 크기도 가지가지인 잎들은
타고난 제 모습을 드러내고
해님의 생명 사랑 햇볕 듬뿍 받으며
온갖 애벌레 싫다 않고 품에 안아
생명 나눔 생명 사랑으로 키워 냅니다.

해님의 빛은 초록잎을 키우고
초록잎은 많은 애벌레를 키우고
애벌레는 새들을 키우고
새들은 나무와 숲을 키우고
나무와 숲은 나를 키워 내지요.
해님, 나무, 애벌레는 나의 어머니

나는 생명 사랑 햇볕 담을 나뭇잎처럼
사랑 담고 생명 품을 나만의 초록잎을
얼마나 가지고 있나요?
어떻게 키우고 있나요?

나는 누구를 품에 안고
생명 나눔을 하며 함께 살아가고 있나요?

2019. 5. 21

소만 절기놀이 1
나뭇잎 속으로 쏙쏙

소만 절기에는 연초록 잎들이 제 모양 제 크기대로 커져서 초록으로 짙어집니다. 그렇게 커진 잎으로 햇빛 에너지를 많이 받아 열매도 키우며 스스로 살아갈 에너지를 만들어 내지요. 나무는 잎에 생명 사랑의 힘을 가득 채워 애벌레를 먹여 살리고, 애벌레는 새와 다른 생명을 키워 냅니다. 소만 절기놀이를 하면서 나뭇잎이 커지는 모습을 알아보고 잎들이 어떤 일을 하는지 생각해 봅시다.

준비물 밧줄, 나뭇잎 주머니(참가자들이 들어갈 수 있는 크기), 날씨 주머니(햇빛, 구름, 눈 그림이 그려진 나뭇조각)
장소 실내·실외 모두 가능
대상 7세 이상

놀이 방법

1 밧줄로 땅에 출발선을 만듭니다.
2 출발선과 10미터 정도 거리를 두고 큰 나뭇잎 주머니를 바닥에 놓습니다.
3 참가자들은 출발선 뒤에 한 줄로 섭니다.
4 진행자는 큰 나뭇잎 주머니 입구에 '햇빛', '구름', '눈' 그림이 그려진 나뭇조각이 들어 있는 주머니를 들고 섭니다.
5 출발선 뒤에 있는 참가자들은 한 사람씩 진행자에게 달려와서 주머니에서 한 개의 나뭇조각을 꺼냅니다.
6 꺼낸 나뭇조각이 '햇빛'이면 큰 나뭇잎 주머니 안으로 들어가고, '구름' 또는 '눈'이면 다시 출발선 뒤로 가서 줄 맨 뒤에 섭니다.
7 위 놀이를 참가자 모두가 나뭇잎 주머니 안으로 들어갈 때까지 반복합니다.
8 큰 나뭇잎 주머니 속에 들어간 햇빛들은 그곳에서 즐겁게 놉니다.

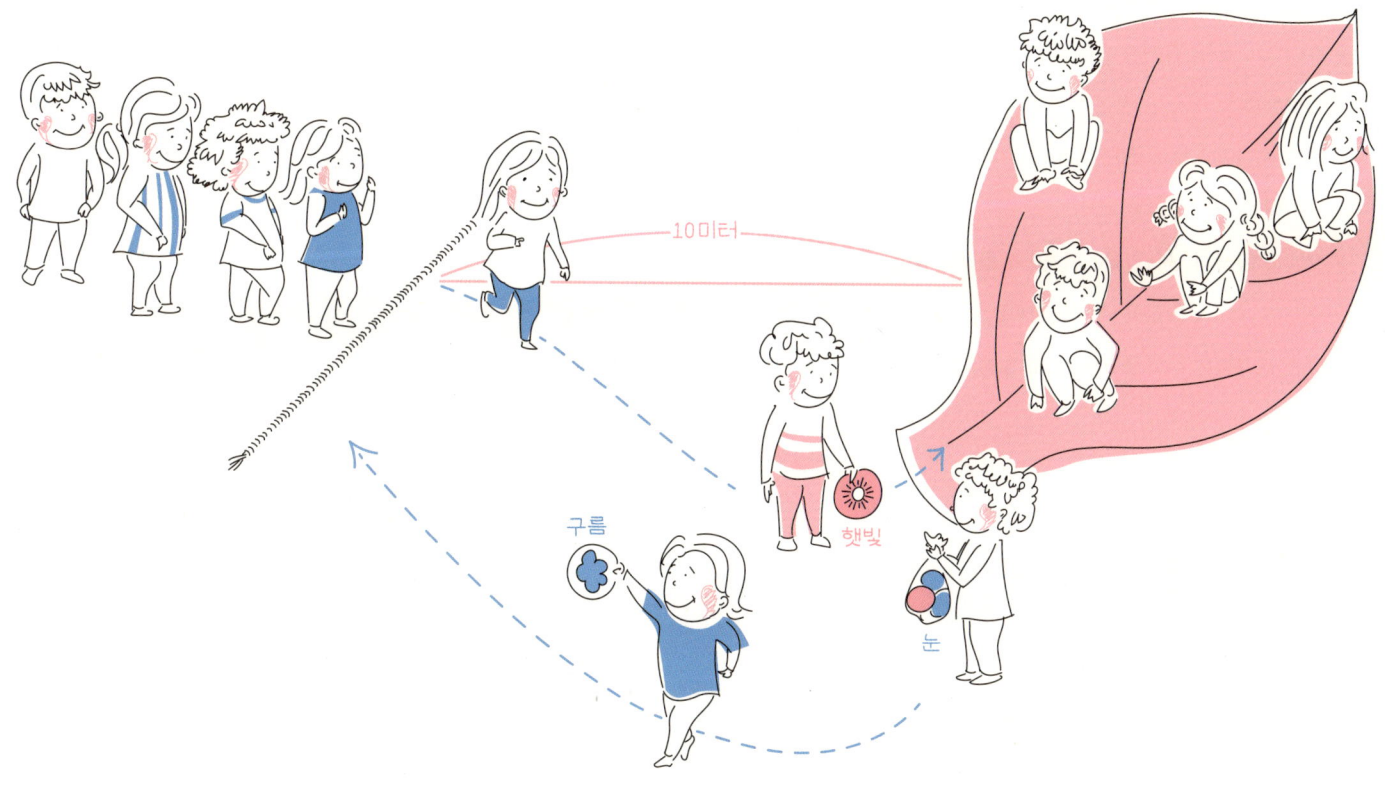

묻고 답하기

- 주변의 나뭇잎 중에서 연둣잎과 초록잎은 어떤 것들이 있을까요?
- 연두색 나뭇잎들이 진한 초록색으로 변한 이유가 무엇일까요?
- 햇빛이 되어서 나뭇잎을 키울 때 마음이 어떠했나요?
- 무엇이 나의 초록잎을 키워 줄까요?
- 나의 초록잎은 누구를 키워 내고 있을까요?

소만 절기놀이 2
햇빛을 받아요

햇빛이 풍부해지는 소만에는 나뭇잎이 온전히 펴져 제 모습을 드러냅니다. 봄의 연둣빛 어린잎들이 점점 초록으로 짙어지며 제 모양 제 크기로 자라 온 천지에 가득 찹니다. 나무들은 잎을 크게 키워 햇빛을 받아 성장하고 열매를 키울 생명에너지를 만듭니다. 그리고 그 잎으로 다른 생명을 키워 냅니다. 이 놀이를 하면서 소만 절기에 나뭇잎은 무엇을 하는지, 나뭇잎 속에는 무엇이 들어 있는지, 나뭇잎이 키워 내는 생명들은 무엇인지, 나뭇잎처럼 다른 생명을 살리고 기르기 위해서는 어떤 마음으로 살아야 하는지 알아봅시다.

준비물 햇빛 공(털실 공, 참가자 수의 세 배), 나뭇잎을 만들 수 있는 긴 줄, 큰 나뭇잎 한 장

장소 실내·실외 모두 가능

대상 6세 이상

놀이방법

1 햇빛과 나뭇잎 모둠으로 나눕니다.
2 바닥에 줄로 나뭇잎 모양을 그립니다(모둠 인원이 모두 들어갈 크기로 그립니다).
3 나뭇잎 모둠은 바닥에 그려진 나뭇잎 안에 들어가 나뭇잎 가장자리에 섭니다. 큰 나뭇잎 한 장은 중앙에 놓습니다.
4 햇빛 모둠은 나뭇잎 밖에 1미터 간격을 두고 나뭇잎 모둠과 서로 마주 섭니다. 햇빛 모둠 한 사람당 햇빛 공을 세 개씩 나누어 갖습니다.
5 햇빛 모둠은 차례로 자기 앞의 나뭇잎에게 "햇빛 받아라" 말하며, 한 번에 하나씩 햇빛 공을 던져 줍니다.
6 나뭇잎은 두 손으로 받은 햇빛 공을 큰 나뭇잎에 놓습니다(떨어진 것은 그대로 둡니다).
7 모둠원들이 받은 햇빛의 숫자를 세어 보고, 숫자만큼 앞으로 걸어 나와 나뭇잎을 키웁니다(바닥의 나뭇잎 줄을 잡고 각자 앞으로 걸어 나가면서 나뭇잎 모양을 만듭니다).
8 역할을 바꾸어서 놀이를 진행합니다.
9 어느 모둠이 나뭇잎을 크게 키웠는지 비교해 봅니다.

묻고 답하기

- 햇빛을 많이 받은 모둠과 적게 받은 모둠은 어떤 차이가 있었을까요?
- 어떻게 해야 햇빛을 많이 받을 수 있을까요?
- 나뭇잎은 무엇을 할까요?
- 왜 소만 때 잎을 가장 크게 키울까요?

함께 나누면 좋은 절기 이야기

재미있는 절기 속담

옛날 소만 무렵은 준비한 곡식이 다 떨어져 일반 서민들은 굶주리며 힘들게 살았던 보릿고개 시기입니다. 그래서 먹을 것이 부족한 보릿고개와 연관된 속담이 많습니다. "나락 이삭 끝을 보고는 죽지만 보리 이삭 끝을 보고는 죽지 않는다", "보릿고개에는 딸네 집도 가지 못했다", "3~4월 손님은 꿈에 볼까 무섭다. 4월(음력) 없는 곳에 가서 살면 배는 안 곯겠다" 등의 속담이 있습니다. 범보다 무서운 것이 소만 때 손님이라고 생각하여 이때는 다른 집 방문을 삼갔다고 하네요. 소만 지나고 망종 때 보리가 익어 가고 모내기를 하기 때문에 "소만 전 모심기다. 소만이 지나면 보리가 익어 간다"라는 속담도 있습니다.

기운을 북돋워 주는 절기음식

소만 때 텃밭에서 나는 각종 채소로 나물 반찬을 해 먹을 수 있습니다. 이때 텃밭에서 나는 채소는 상추, 쑥갓, 아욱, 시금치, 얼갈이배추, 열무, 머윗대, 부추 등이 있어요. 잘 다듬은 얼갈이와 열무를 1대 2로 섞어 씻은 후에 살짝 절여 둡니다. 그리고 돌절구에 마른 고추, 마늘, 밥 두 숟가락을 갈아서 놓고, 양파와 실파를 먹기 좋게 썰어 넣은 후에 절인 열무를 골고루 잘 버무려 열무김치를 담그면 이맘때 그만한 반찬이 없지요. 어른들은 소만 무렵에 아까시나무꽃을 따 먹으며 그해 처음으로 시냇가에서 멱감았던 기억이 있을 겁니다.

망종

6월 5일경

풀씨가을 – 풀들은 왜 일찍 열매를 맺나요?

망종芒種이란 벼, 보리 등 수염이 있는 까끄라기(까끄라기 망芒) 곡식 종자를 거두고 뿌려야 할 적당한 시기라는 뜻입니다. 망종은 풀씨나 살구랑 자두같이 이른 열매가 익어 가는 '작은 가을'이라 부를 수 있습니다. 이때는 까끄라기 볏과 식물뿐만 아니라 봄에 일찍 꽃이 핀 냉이나 버찌를 비롯한 오디, 살구, 앵두, 자두 같은 나무 열매도 함께 익어 가는 시기이기 때문이지요. 망종은 뜨거운 기운으로 꽉 찬 절기입니다. 망종부터 몸 안으로 유입되는 양기가 배로 늘면서 날씨 역시 크게 더워집니다. 그래서 땀도 많이 나고 숨이 차서 힘든 일은 피하게 되지요. 망종 즈음에 아침 온도가 20도로 올라가기 시작해 본격 더위가 시작됩니다.

망종 초후 5일에는 사마귀가 다니고, 중후 5일에는 왜가리가 울기 시작하며, 말후 5일에는 지빠귀가 울음을 멈춘다고 했습니다. 초후 무렵에 사마귀나 무당거미 등이 알에서 깨어나고, 말후에는 새들이 부화하거나 짝짓기가 끝나서 울거나 울음을 멈춘다는 뜻입니다. 망종에는 잘 익은 오디, 매실, 앵두, 살구를 먹을 수 있습니다. 이때 마을에서는 밤나무, 자귀나무, 참죽나무의 꽃을 볼 수 있고 들에서는 개망초의 꽃을 볼 수 있습니다. 햇빛이 뜨거워지고 까끄라기 열매가 있는 풀들이 익어 갑니다. 또 모기가 나타나기 시작하는 망종은 가시 달린 것들이 나타나는 때이기도 합니다. 날씨가 뜨거워져 폭염경보가 내릴 때도 많고, 참나무, 느티나무, 단풍나무, 버드나무 등은 여름 잎을 만들어 냅니다.

망종 절기살이

뜨거운 여름이 시작되는 유월
올해도 어김없이 야릇한 향의 밤꽃이
한여름의 시작을 알리고 있습니다.

까끄라기 풀들이 익어 가는 망종
찬바람이 남아 있는 이른 봄부터
나무보다 일찍 깨어난 여린 풀들이
따뜻한 봄볕 받아 먼저 꽃을 피우고
부지런히 열매 맺어 익고 있습니다.

풀들의 열매가 익어 가는 망종 절기는
또 다른 가을이 있음을 알려 줍니다.
정해진 한때만 꽃 피고 열매 익지 않고
생명마다 자신의 생명 속도대로
꽃 피고 열매 맺고 익어 간다는 사실을 알려 줍니다.

자신의 타고난 삶을 탓하지 않고
너는 너 자신의 생명 속도대로 살아라.
지금 남들의 삶과 비교하며 살고 있지 않느냐고
지혜로운 풀들이 묻고 있습니다.

누구나 꽃 피고 열매 맺습니다.
봄에 피지 않으면 여름에 피고
여름에 피지 않으면 가을에 피고
가을에 피지 않으면 겨울이라도
죽지 않고 살아만 있다면
자신의 생명 속도대로 살아간다면
언젠가는 꽃 피우고 열매 맺겠지요.

2019. 6. 6

망종 절기놀이 1
보리 베기

망종은 보리나 밀 같이 까끄라기가 달린 씨앗들이 익어 가는 때입니다. 까끄라기를 달고 있는 씨앗은 씨앗이 땅에 떨어져 박혀 흙을 붙잡아 곧 다가올 장마에 씨앗이 빗물에 쓸려 내려가지 않게 하거나 익기 전에 새들이 먹지 못하도록 하기 위한 풀의 지혜입니다. 보리 베기 놀이로 까끄라기가 왜 있는지, '풀씨가을'이라는 망종 절기에 결실을 맺는 씨앗들은 무엇이 있는지 알아 봅시다.

준비물 4~5센티미터 길이 수수깡(보리이삭 그림을 그려서 참가자 수의 세 배로 준비), 약 4미터 길이 밧줄, 보자기

장소 실외

대상 초등학생 이상

놀이방법

1 진행자는 '농부'가 되어 밧줄(낫)을 들고 쪼그려 앉아 있고, '농부' 앞에 둥근 보자기를 깔아 놓고 '땅'이라 합니다.

2 '농부'로부터 1.5미터 정도 떨어진 곳에 참가자들이 '보리이삭'인 수수깡 세 개를 들고 섭니다. 농부-둥근 보자기-참가자 순으로 섭니다.

3 '농부'가 밧줄(낫)을 휘두르며 "보리 베자"를 외치면, 첫 번째 줄에 있는 참가자가 펄쩍 뛰며 '보리이삭'을 '땅'에 던집니다.

4 참가자들이 모두 뛰어 본 후에, 참가자들이 던진 '보리이삭'이 각자 몇 개가 '땅'에 들어갔는지 확인해 봅니다.

5 반복하여 놀이를 진행할 때는 두 명씩 줄을 서서 뛰며 '보리이삭'을 던져 보고, 세 명씩, 네 명씩 사람 숫자를 늘려 가며 해 봅니다.

6 놀이를 마치고 망종 절기의 의미와 보리, 밀, 풀 씨앗들이 까끄라기를 달고 있는 이유를 이야기해 줍니다.

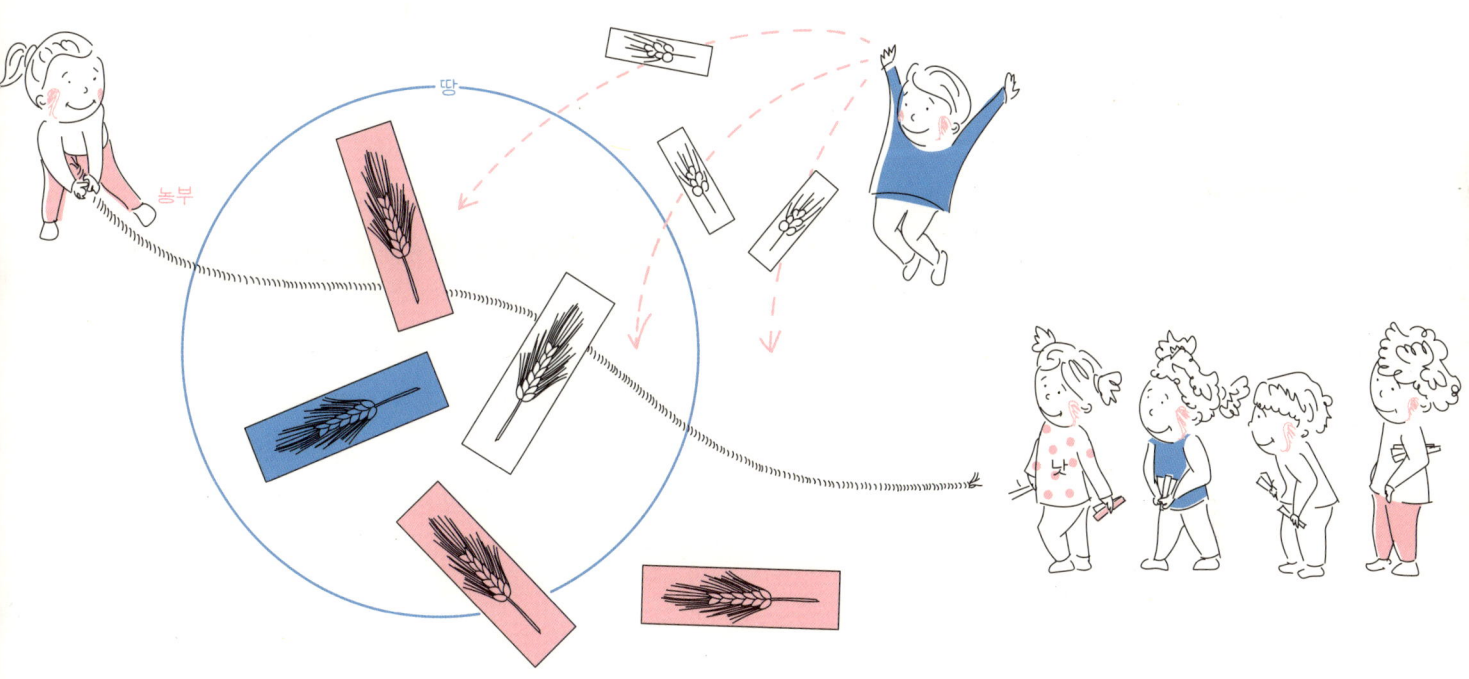

묻고 답하기

- 망종 절기의 의미는 무엇인가요?
- 망종 때에 익어 가는 풀들은 언제 싹이 나고 꽃을 피웠을까요?
- 망종 절기 때에 씨앗을 맺는 풀들은 무엇이 있을까요?
- 왜 까끄라기를 달고 있을까요?
- 내가 올해 심고 가꾸는 씨앗은 지금쯤 어떤 모습인가요?

망종 절기놀이 ②
참새야 참새야 뭐하니

본격적으로 뜨거운 여름이 시작되는 망종 절기는 수염 같은 까끄라기가 달린 곡식 종자를 거두고 뿌려야 할 적당한 시기입니다. 망종 절기에 사람들은 까끄라기가 있는 보리를 거두고 벼를 심습니다. 풀들은 왜 까끄라기를 만들었을까요? 다 익기 전에 참새 같은 새들이 먹지 못하도록 하기 위한 것이 아닐까요? 전래놀이인 '여우야 여우야' 놀이를 변형한 망종 절기놀이를 하면서 참새와 까끄라기 씨앗이 어떤 관계를 맺고 있는지 생각해 봅시다. 또 봄추위가 가시기 전 나무보다 일찍 꽃을 피워 열매 맺는 풀들의 다양한 삶의 모습을 보며 여린 풀들의 삶의 지혜를 배워 봅시다.

준비물 보리·밀·귀리·개밀 사진, 참새가 그려진 팔찌 (참가자 수만큼), 까끄라기가 있는 보리,

손수건(참새 표시)

장소 실내·실외 모두 가능

대상 6세 이상

놀이방법

1 망종 절기에 익은 까끄라기 씨앗 사진을 보여 줍니다(보리, 밀, 귀리, 개밀 등).

2 준비한 보리를 직접 만져 보게 하고, 까끄라기가 어떤 느낌인지 경험해 보게 합니다.

3 '참새' 한 명을 뽑아 술래나무가 되게 합니다. 뽑아서 3미터쯤 떨어진 적당한 나무와 마주 보며 서게 합니다(참새에게는 손수건을 달아 줍니다).

4 술래나무로부터 3미터쯤 떨어진 곳에 넓은 밭을 그리고 참가자들은 '보리'가 되어 모두 밭으로 들어가 서 있습니다.

5 진행자가 햇볕 공을 '보리' 밭에 던지고, 받은 보리는 '보리 대장'이 됩니다.

6 진행자가 "망종이다" 외치면 '참새'는 보리밭으로 날아가서 "보리야 보리야 뭐하~니~" 묻습니다. 보리는 "밥 먹는다~"라고 답합니다.

7 '참새'가 "무슨 반찬?" 하고 되물으면, '보리'들은 "햇볕 반찬~"이라 말합니다.

8 '참새'가 "죽었니? 살았니?" 물었을 때 '보리 대장'이 "죽었다~" 하면 '보리'들은 제자리에 앉고, '보리 대장'이 "살았다~" 하면 '참새'는 '보리'를 잡으러 다닙니다.

9 '참새'가 잡으러 오면 '보리'는 얼른 "까끄라기"라고 말하며 자리에 앉습니다. 그러면 '참새'가 잡지 못합니다.

10 만약 '보리'가 "까끄라기"라고 말하지 못하거나 자리에 앉지 못하면 '참새'에게 잡혀 '참새'가 되고 놀이를 계속합니다(참새에게 잡히면 참새 팔찌를 걸어 줍니다).

11 보리가 다 잡힐 때까지 진행합니다.

술래나무

참새

묻고 답하기

- 까끄라기는 왜 만들어졌을까요?
- 까끄라기가 어떻게 생겼을까요?
- 까끄라기가 있는 풀들은 어떤 것들이 있나요?
- 까끄라기 풀들의 씨앗은 누가 먹을까요?
- 무엇이 열매를 무럭무럭 자라게 할까요?
- 까끄라기 풀들은 왜 나무보다 일찍 꽃을 피우고 열매 맺을까요?

함께 나누면 좋은 절기 이야기

재미있는 절기 속담

망종 때는 보리 베기가 한창이라 보리 관련 속담이 많습니다. 보리는 베어 내고 모를 심을 때라는 의미를 지닌 "보리는 익어서 먹게 되고 볏모는 자라서 심게 되니 망종이요"라는 속담과 망종까지는 모두 베어야 논에 벼도 심고 밭갈이도 하게 된다는 "보리는 망종 전에 베라"라는 속담이 대표적입니다. 그리고 보리 베기와 벼 심기로 무척 바쁠 때라는 사실을 이야기하는 속담도 있는데요. 우리가 흔히 쓰는 "발등에 오줌 싼다", "망종에는 불 때던 부지깽이도 거든다"라는 말은 망종은 농번기로 매우 바쁜 시기라는 의미입니다.

기운을 북돋워 주는 절기음식

망종 때 들에서는 참비름, 쇠비름, 왕고들빼기가 자라나고, 밭에서는 호박잎과 들깻잎을 구할 수 있습니다. 그리고 높은 산에서 나는 참취, 곰취, 참나물도 맛볼 수 있습니다. 보리와 밀 타작이 끝나고 모내기도 끝나면 부모님은 큰 산에 가서 참취, 곰취, 참나물을 한 자루씩 뜯어 오셨어요. 엄마는 지친 몸으로 참취 두어 줌을 데치고 씻어 물기를 꼭 짠 다음 듬성듬성 썰어서 들기름과 다진 마늘을 넣고 된장으로 간하여 조물조물 무쳐서 늦은 저녁을 만들어 주었습니다. 밤새 나물을 고르고, 곰취를 엮고, 새벽녘에 나물을 데쳐서 햇볕에 말리기도 했지요. 오디를 따다가 술을 담그시는 엄마 옆에서 입술이 까매질 때까지 먹고 또 먹고 장난을 쳐서 야단을 맞은 추억, 야단을 맞고 뒷동산으로 도망가서도 얼룩진 손으로 인동덩굴꽃을 따서 까만 입으로 꿀을 빨았던 추억을 가지고 있는 어른들도 많습니다.

하지

6월 21일경

온여름 – 여름은 어떤 계절일까요?

하지는 해가 황도의 하지점을 통과하는 날로, 양기가 더할 수 없을 정도로 꽉 찬 절기입니다. 하지에는 낮 시간이 무려 약 14시간 35분으로 한 해 중 가장 깁니다. 또 정오 태양의 높이도 가장 높아서 태양으로부터 가장 많은 열을 받습니다. 이 열이 쌓여서 하지 뒤에는 몹시 더워지게 됩니다. 북극에서는 종일 해가 지지 않고 남극에서는 수평선 위쪽으로 해가 나타나지 않는다고 합니다. 하지 말후부터 한반도 동서로 걸쳐 큰 장마가 찾아오곤 하는데요, 이때 맹꽁이가 왕성한 번식 활동을 합니다. 남부지방에서는 단오를 즈음하여 시작된 모심기가 하지 전에 모두 끝나고 장마가 시작되기도 합니다. 참외와 수박 등의 과일은 이때가 가장 맛이 좋지만, 비가 너무 많이 오면 단맛이 떨어지기도 합니다. 특히 수박은 가뭄 뒤에 가장 제맛이 나고, 강원도에서는 아삭한 햇감자를 캐는데 이때 감자를 '하지감자'라고 부릅니다.

하지 초후 5일에는 사슴뿔이 떨어져 나가고, 중후 5일에는 매미가 울기 시작하고, 말후 5일에는 반하 알뿌리가 생기기 시작한다고 했습니다. 초후에 사슴뿔이 떨어져 나간다는 것은 사슴이 뿔갈이를 한다는 의미이고, 말후에 나오는 반하는 왕과처럼 민가 주변에서 볼 수 있고 민간약재로 자주 쓰이는 풀입니다. 하지 때에는 보통 남부지방부터 장마가 시작됩니다. 개망초, 능소화, 배롱나무, 싸리, 칡, 하늘말나리의 꽃이 활짝 피고, 장마로 웅덩이나 물이 고인 곳에서는 맹꽁이가 짝짓기를 하기 위해 크게 울어 댑니다. 하지 말후 무렵에는 아침 기온 20도 이상 올라가 한여름의 날씨를 느낄 수 있습니다.

하지 절기살이

동지부터 살아나기 시작한 해님은
입춘 우수 때는 봄바람 봄비로
봄을 준비하게 했습니다.

경칩 때는 일제히 잠든 생명을 깨우고
춘분에는 따뜻한 양의 기운을 되찾아
낮과 밤의 길이가 같아지게 했습니다.

청명부터 뜨거운 기운이 더해져
연둣빛 나뭇잎은 쑥쑥 자라나
온갖 꽃을 피우고, 곤충과 새들도
너도나도 새 생명을 낳고 길렀습니다.

망종 무렵 뜨거운 해님의 기운은
풀들의 열매를 익게 했습니다.

하지에는 양의 기운이 최고에 이르러
뜨거운 햇볕으로 열매를 제 모양
제 크기대로 키워 내기 시작합니다.

하지 절기에는
여름이란 어떤 계절인지
여름에는 왜 뜨거운지
봄에 뿌린 씨앗이 얼마나 잘 자라고 있는지
해님처럼 밝고 뜨겁게 살고 있는지
생각해 보아야 합니다.

2019. 6. 22

하지 절기놀이 1
'해' 따 먹자

하지는 1년 중 해가 가장 높이 떠서 낮의 길이가 밤의 길이보다 2시간 35분이나 긴 때입니다. 그래서 하지야말로 해님의 절기라고 할 수 있습니다. 하지 절기에 동지부터 조금씩 길어지기 시작한 해가 가장 높이 떠 있는 현상을 이해하고, 뜨거운 여름을 놀이로 체험하면서 더위의 의미와 여름을 어떻게 날 것인지 생각해 봅시다.

준비물 밧줄(긴 밧줄 한 개, 짧은 밧줄 세 개), 부채
장소 실내·실외 모두 가능
대상 유아 이상

놀이방법

1 긴 밧줄(또는 그림으로)로 커다란 반원을 그립니다.

2 반원의 가운데쯤에 두 사람이 들어갈 정도의 짧은 밧줄로 동그라미를 그리고 '하지 해'라 하고, 반원 밧줄 한쪽 끝에 짧은 밧줄로 동그라미를 그리고 '동지 해 1모둠', 반대쪽 반원 밧줄 끝에 짧은 밧줄로 동그라미를 그리고 '동지 해 2모둠'으로 합니다.

3 참가자는 동지 1모둠과 동지 2모둠으로 나누어 '동지 해' 속에 들어가 서 있습니다.

4 진행자의 출발 신호에 맞추어 '동지 해 1모둠', '동지 해 2모둠'에 서 있는 첫 번째 사람이 원의 모양에 따라 달려가서 '하지 해'에서 만나서 가위바위보를 합니다.

5 이긴 사람은 그 자리에 서 있고, 진 사람은 이긴 사람에게 부채질을 해 주고 이긴 모둠의 '동지 해' 맨 마지막에 가서 줄을 섭니다.

6 위의 놀이를 반복하다 한쪽 모둠의 사람이 모두 없어지

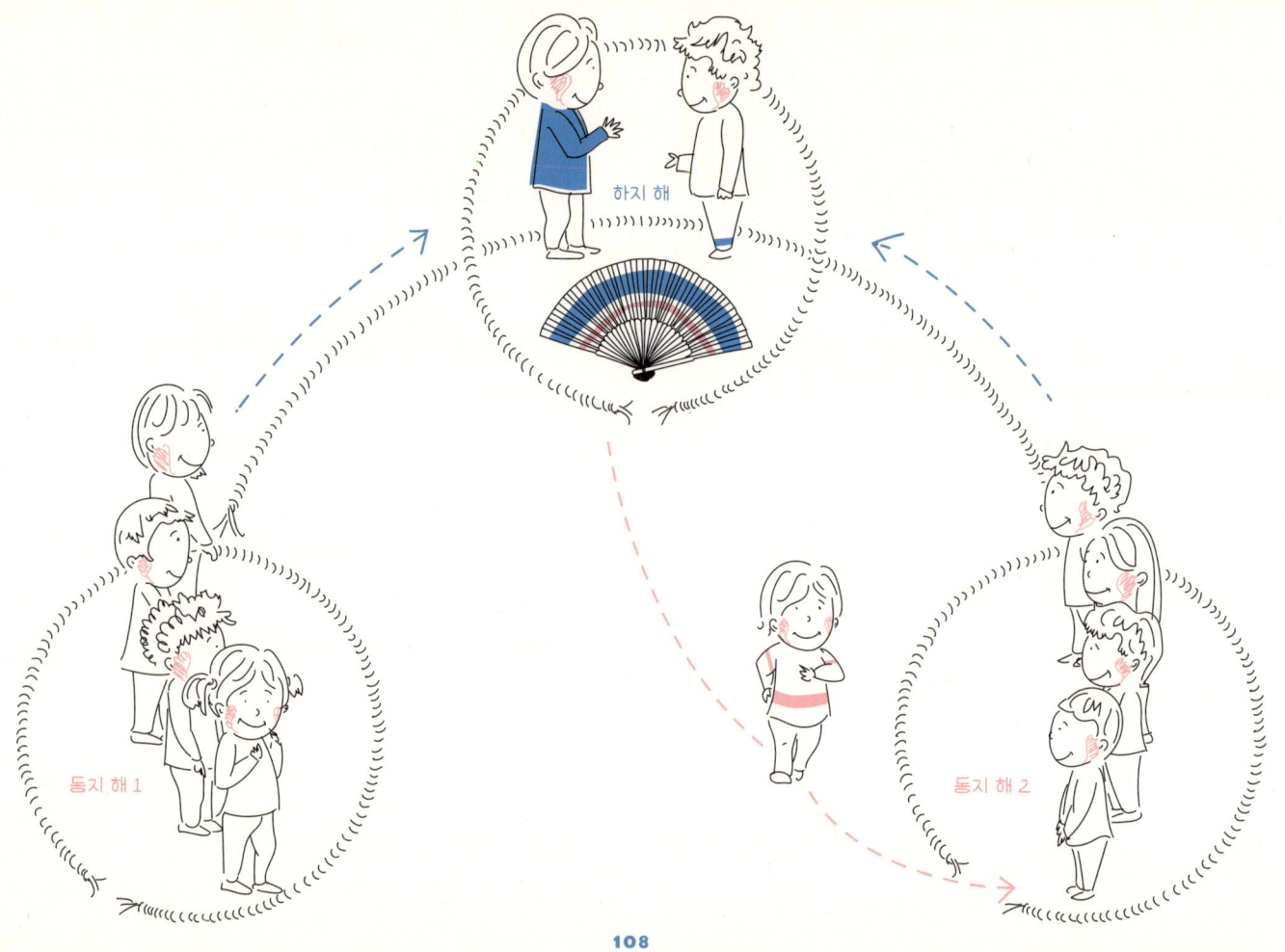

면 놀이를 마치거나, 놀이 시간이 너무 길어질 경우 일정 시간을 정한 후 "그만"을 외치고 사람 수가 많은 쪽의 모둠이 이기는 것으로 합니다.

묻고 답하기

- 해는 언제 가장 높이 뜨고, 언제 가장 낮게 뜰까요?
- 여름 더위는 왜 있을까요?

하지 절기놀이
하지 속으로

하지는 해의 기운이 최고에 달해 낮이 가장 길어지는 때입니다. 동지에 다시 살아난 해가 점점 길어지다가 춘분 무렵에 낮과 밤의 길이가 같아집니다. '하지 속으로'는 동지부터 하지까지 절기별로 어떻게 해가 길어지는지 그 과정을 알게 하는 놀이입니다. 이 놀이를 하면서 여름이란 어떤 계절인지, 여름에는 왜 뜨거운지, 우리는 해님처럼 밝고 뜨겁게 살고 있는지 생각해 봅시다.

준비물 절기 이름표(동지~하지), 밧줄 열두 개, 해님 팔찌 (한 개), 노란색 고무 밴드 2미터(폭 5센티미터)

장소 실내·실외 모두 가능

대상 6세 이상

놀이 방법

1 열세 개의 계단을 만든 다음, 첫 계단을 동지로 하고 마지막 계단을 하지로 합니다.

2 각 계단마다 해당 절기 이름표를 바닥에 놓습니다.

3 참가자 중 '하지 해님'을 뽑아 해님 팔찌를 하고 하지 계단에서 고무 밴드를 허리에 차고 서 있게 합니다(고무 밴드는 해를 상징하고 크기가 늘어날수록 해가 길어지고 해의 기운이 강해짐을 의미합니다).

4 참가자들은 해님이 되어 동지 계단에 섭니다.

5 '하지 해님'과 가위바위보를 해서 이긴 해는 절기 계단을 한 칸 올라갑니다.

6 하지 계단에 제일 먼저 도착한 해는 새 하지 해님이 되어 해님 팔찌를 넘겨받고 고무 밴드 안으로 들어갑니다(새 하지 해님이 두 명 이상일 경우, 서로 가위바위보를 해서 이긴 해님이 가위바위보를 합니다).

7 새 하지 해님은 나머지 해님과 가위바위보를 해서 하지

계단에 도착한 새 하지 해님에게 해님 팔찌를 넘겨 줍니다. 같은 방법으로 모든 해가 하지 해님이 될 때까지 계속 진행합니다.

묻고 답하기

- 하지는 어떤 절기인가요?
- 낮이 얼마나 더 길어졌나요?
- 하지까지 오는 길은 어떠했나요?
- 여름에 뜨거운 이유는 무엇일까요?
- 어떻게 해야 내 열매를 잘 키울 수 있을까요?
- 봄에 뿌린 내 씨앗은 얼마나 자라고 있나요?
- 나는 해님처럼 밝게(즐겁게), 뜨겁게(간절하게) 살고 있나요?

하지 절기놀이 ③
해님 얼굴을 그려요

모든 생명을 낳고 기르는 해님의 기운이 가득한 하지에는 해님을 닮은 개망초꽃도 피어나고, 가시가 있는 열매가 열리는 밤나무도 꽃을 피워 밤꽃 향으로 가득해집니다. 또 침이 있는 모기도 보이기 시작합니다. 천지에 가득한 해의 기운은 한여름 더위로 변하여 나무 열매에 들어가 열매가 제 모양대로 자라날 수 있도록 하며, 해님이 키운 맛있는 감자도 이때 캐서 먹습니다. 열매를 키우고 익히는 해님의 고마움을 생각하며 자연물로 해님 얼굴을 표현해 봅니다.

준비물 생태보자기
장소 실외
대상 6세 이상

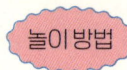

놀이 방법

1 하지 해님의 모습을 알려 주고 해님이 하는 일에 관해 이야기를 나눕니다.

2 꽃잎과 나뭇잎 등 자연물을 모읍니다.

3 하지 해님을 상상하면서 나뭇잎 등 자연물로 해님을 만들어 봅니다.

4 자기 해님의 이름을 지어 봅니다.

5 해님을 보면서 해님에게 고맙다는 마음을 한 문장으로 표현해 봅니다.

묻고 답하기

- 해님이 없으면 어떻게 될까요?
- 꽃은 누가 피울까요?
- 벌은 누가 키울까요?
- 열매는 누가 키울까요?
- 나의 해님은 누구인가요?
- 나는 누구의 해님인가요?
- 우리에게 해님은 무엇일까요?

함께 나누면 좋은 절기 이야기

재미있는 절기 속담

한여름이 시작되는 6월이 되면 밤나무꽃이 피고, 20여 일 있다가 꽃이 지면 장마가 시작됩니다. 그래서 "밤꽃이 질 때면 장마가 시작된다"라는 속담이 있습니다. 같은 의미로 "원추리꽃이 피면 장마가 오고, 꽃이 지면 장마도 간다"라는 속담도 있지요. "하지가 지나면 발을 물에 담그고 산다"라는 속담은 모내기하고 매일 논에서 살아야 하는 하지 무렵, '논농사는 물 농사'라고 할 만큼 논에 물 대는 것이 중요한 일임을 이야기하고 있지요. 이와 함께 하지 관련 논농사 속담으로 "하지가 지나면 오전에 심은 모와 오후에 심은 모가 다르다"도 있습니다. 오뉴월 볕에 모가 하루가 다르게 자란다는 뜻입니다.

기운을 북돋워 주는 절기음식

하지에는 고추곁순, 콩순, 참비름, 들깻잎, 뽕잎, 왕고들빼기, 죽순 등을 나물로 먹습니다. 하지가 지나서 캔 하지감자로 감자조림, 감자부침, 감자떡, 감자샐러드, 감자볶음, 감자무침 등 다양한 음식을 만들 수도 있습니다. 아랫집 수돗가 큰 고무그릇에 둥둥 떠서 썩어 있는 감자를 동무와 함께 코를 막고 나뭇가지로 터뜨리다가 "호랭이가 물어갈 년들 저리 안가!" 하는 할머니 호통소리에 줄행랑을 쳤던 기억, 다음날 쫀득쫀득한 감자떡을 맛나게 먹는 우리를 보고 "썩은 감자로 만든 건데" 하며 놀리던 언니들 모습이 새록새록 떠오릅니다. 매실청으로 만든 시원한 매실차와 함께 감자떡을 함께 먹어 보아도 좋을 것 같아요.

소서

7월 7일경

작은더위 - 더위는 왜 찾아올까요?

작은 더위라는 뜻인 소서는 무더운 더위가 시작되는 절기입니다. 소서에는 장마전선이 한반도 허리를 가로지르며 장기간 머물러 습도가 높아지고 많은 비가 내리는 장마철이 시작되기도 합니다. 옛날에는 하지 무렵에 모내기를 끝내고 소서에 논매기를 했지만, 지금은 제초제를 뿌리거나 친환경 농법을 쓰면서 김매기를 거의 하지 않습니다. 팥, 콩, 조도 가을보리 수확을 끝낸 하지에 심고, 소서에 김을 매 줍니다. 이때 퇴비를 장만하고 논두렁 잡초도 깎지요.

소서를 중심으로 본격 더위가 시작되기 때문에 온갖 과일과 채소가 풍성해집니다. 특히, 음력 5월 단오 즈음 밀이 제맛을 낼 때라서 국수나 수제비를 즐겨 먹습니다. 조상들은 더운 여름철 우리 몸을 보호하기 위해 차가운 성질을 가진 밀과 보리를 주식으로 삼았습니다. 채소로는 호박, 생선은 민어가 이때 제철입니다.

소서 초후 5일에는 더운 바람이 불어오고, 중후 5일에는 귀뚜라미가 벽에 기어 다니며, 말후 5일에는 매가 비로소 사나워진다고 했습니다. 장마가 시작되는 소서 무렵에는 장마철 습한 더위로 습한 곳에 곰등이 같은 벌레가 출몰합니다. 말후 절기에 나오는 이야기는 매 같은 맹금류들이 새끼를 키우기 위해 강한 모성 본능을 드러내기 때문에 나왔다고 생각합니다. 소서 때에는 무궁화, 회화나무, 꼬리조팝나무, 참나리, 좁쌀풀 등의 식물이 꽃을 피웁니다. 늦반딧불이 애벌레가 보이고 털매미, 말매미, 애매미, 참매미, 유지매미 등 여름철 대표 곤충인 매미가 나타납니다. 그리고 태풍이 찾아오기도 하지요.

소서 절기살이

연이어 폭염경보가 발동하는 소서 절기에
하지부터 데워진 땅의 열기가
온 천지를 가득 채우고 있습니다.

평년 기온을 훨씬 뛰어넘으며
엄청난 더위 신기록을 세웠던
지난해 여름 더위가 다시 올까
벌써부터 두려움이 앞섭니다.

하지만 여름에는 더워야 합니다.
그래야 제 열매를 제 모양대로
제 크기대로 키울 수 있으니까요.
사실 더위 때문에 내가 살아 있습니다.
더위가 나를 키우고 살리고 있습니다.

지금 더위와 어떻게 마주하고 있나요?
더위와 싸우려 하고 있나요?
더위를 피하려 애쓰고 있나요?
더위가 무서워 싫어하고 있나요?

아니면
더위를 열렬히 환영하고 있나요?
더위를 신나게 즐기고 있나요?
더위를 잘 모시려 하고 있나요?
어떻게 더위를 대해야
내가 제대로 살 수 있을까요?

2019. 7. 7

소서 절기놀이 1

열매야 쑥쑥 커라

준비물 열매가 그려져 있는 비치볼 두 개(열매), 빨간 스티커(더위), 바구니

장소 실내·실외 모두 가능

대상 7세 이상

우리를 힘들고 지치게 만드는 한여름 더위는 생명살이의 과정에서 꼭 있어야 합니다. 뜨거운 더위가 없다면 풀과 나무들은 열매를 잘 키워 내지 못하게 되고, 열매를 잘 키워 내지 못하면 풀과 나무는 물론 그것에 의지해서 살아가는 인간을 비롯한 모든 생명은 살아갈 수 없으니까요. 뜨거운 여름 더위가 나와 모든 생명을 낳고 기르고 살아가게 한다는 사실을 깨닫고 싫어하거나 피하지 말고 고마운 마음으로 받아들여야 합니다. 우리도 더위에 지쳐 있지만 말고 몸으로 열을 만들어 열매를 크게 키우는 소서 절기놀이를 하면서 더위를 즐겨 보기로 해요. 또한 올해 입춘에 고른 나의 씨앗이 입하에 열매 맺어 잘 크고 있는지도 점검해 봅시다.

놀이 방법

1 참가자와 함께 바닥에 큰 타원형의 나뭇잎을 그립니다.
2 참가자를 두 모둠으로 나누어 나뭇잎 끝(잎 끝)에 두 줄로 서게 합니다.
3 각 모둠에서 한 명씩 비치볼(열매)을 들고 나뭇잎 잎자루에 섭니다.
4 빨간 스티커(더위)를 바구니에 담아 두 열매 사이에 놓습니다.

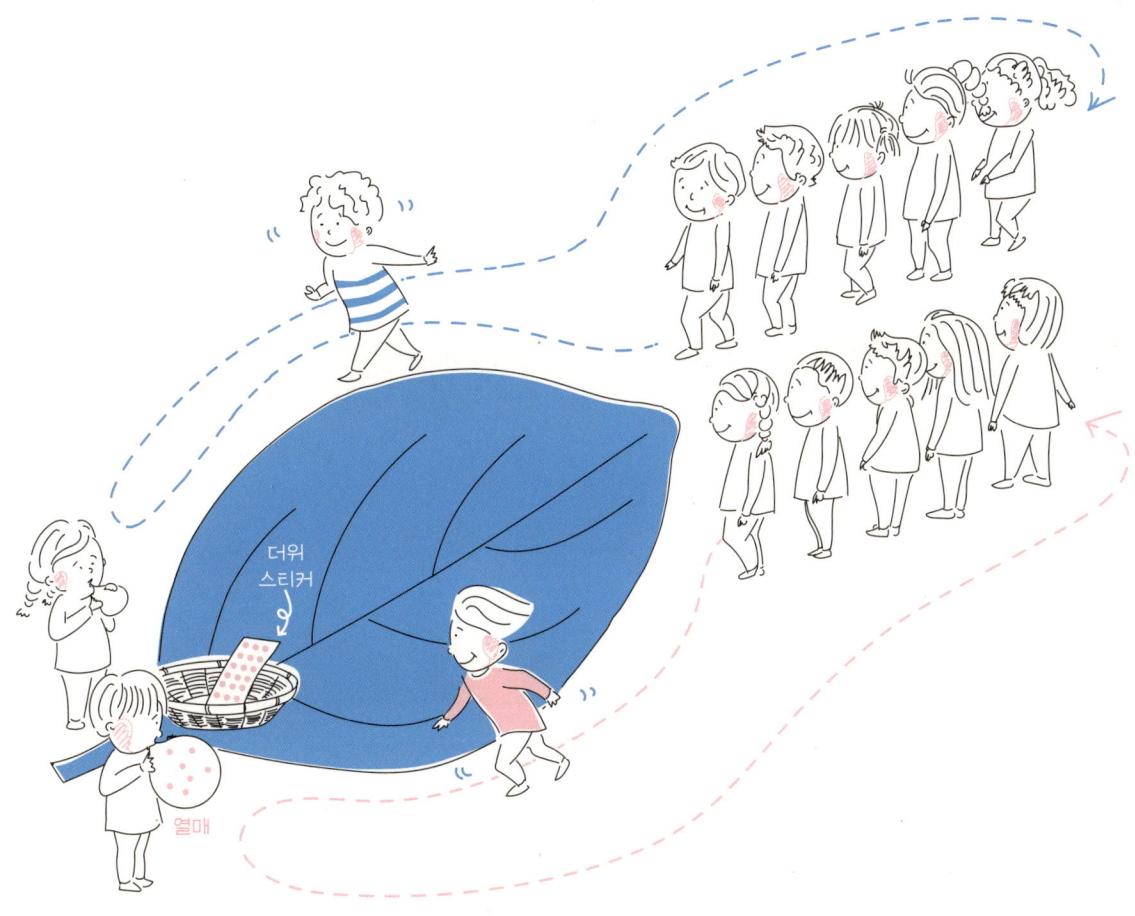

5 진행자가 "열매를 키워라~"라고 외치면 각 모둠에서 첫 번째로 서 있던 사람이 큰 나뭇 잎 가장자리를 따라 '열매'에게 달려갑니다.

6 먼저 '열매'에게 도착한 사람은 더위 스티커를 한 개만 비치볼에 붙이고 다시 자기편 맨 뒤에 가서 섭니다.

7 늦게 열매에 도착한 사람은 더위 스티커를 붙이지 못하고 다시 자기편 줄 맨 뒤에 가서 섭니다.

8 더위 스티커를 비치볼(열매)에 붙인 모둠의 비치볼만 입으로 바람을 한 번 불어 열매를 키웁니다.

9 두 번째, 세 번째 사람이 계속 달려가는 것을 반복하여 어느 한 쪽 모둠의 열매가 탱탱하게 커지면 마무리 합니다.

묻고 답하기

- 무엇이 열매를 크게 만들었나요?
- 여름에는 왜 더워야 할까요?
- 더위가 없으면 어떻게 될까요?
- 여름에 더위를 어떻게 맞이해야 할까요?

소서 절기놀이 2

더위 모시러 왔지

대상   초등학생 이상

작은 더위라 불리는 소서는 본격적으로 더위가 시작되는 절기입니다. 하지만 대부분 사람들은 뜨거운 더위를 싫어하거나 짜증을 내면서 피하려고만 하지요. 그러나 더위가 세상의 모든 열매를 키우고, 그 열매가 나와 우리를 키웁니다. 여름 더위가 없으면 나도 없습니다. 그래서 더위는 싫어하거나 피하거나 싸우거나 참고 견디어야 할 것이 아니라 귀하게 모셔야 할 존재입니다. 이제 생명을 키우고 살리는 더위를 반갑게 맞이하고 즐길 수 있어야 합니다. 옛사람들이 즐겼던 더위 놀이를 하면서 더위의 의미와 기후변화에 관해 함께 생각해 봅시다.

준비물 없음

장소   실외

놀이 방법

1 '내 더위'와 '네 더위' 두 모둠으로 나누고 한 줄로 늘어서서 앞사람 허리를 잡습니다.

2 모둠마다 맨 앞 사람을 '열매'로, 나머지를 '더위'로 정합니다.

3 '열매'끼리 가위바위보를 해서 이긴 모둠이 먼저 '더위'를 잡을 수 있습니다.

4 '더위'를 잡기 전에 먼저 '열매'끼리 다음 이야기를 나눕니다.

　이긴 열매 : 더위는 있는가?
　진 열매 : 뭐하러 왔소.
　이긴 열매 : 더위 모시러 왔지.

진 열매 : 뭐하려고?

이긴 열매 : 열매 키워야지.

진 열매 : 안 돼! 나도 키워야 해!

5 이긴 열매는 진 열매 꼬리 '더위'를 잡으러 다니고 진 열매는 방어하거나 도망갑니다. 이때 꼬리 '더위'가 잡히거나 줄이 끊어지면 지게 됩니다.

6 잡힌 꼬리 '더위'는 상대 모둠의 맨 뒤로 가서 붙습니다.

7 꼬리 '더위' 잡힌 모둠의 맨 앞의 '열매'는 모둠의 맨 뒤로 가서 꼬리 '더위'가 되고, 두 번째 모둠원이 '열매'가 되어 놀이를 시작합니다.

8 매번 바뀐 '열매'들끼리 가위바위보를 해서 이긴 모둠이 놀이를 시작합니다.

9 '더위'가 많은 모둠이 열매를 잘 키울 수 있다는 이야기를 해 줍니다(더위를 잡을 수 있는 시간을 1분 정도로 정해 주면 모두가 열매가 되어 볼 수 있고, 더위도 되어 볼 수 있어서 더 재미있게 놀이가 진행될 수 있습니다).

묻고 답하기

- 여름은 왜 더울까요?
- 열매는 누가 키울까요?
- 더위가 사라지면 어떤 일이 벌어질까요?
- 더위를 즐겁게 극복하려면 어떻게 해야 할까요?
- 매년 여름 더위가 더 뜨거워지는데 왜 그럴까요?

함께 나누면 좋은
절기 이야기

한잔 하면 그만이지요. 소서는 앞마당에서 붉게 익은 자두 한 알 입에 넣고 이리저리 굴리다가 깨물었을 때 입에 확 퍼지는 단맛이 그리운 절기입니다.

재미있는 절기 속담

소서 무렵에는 논농사와 밭농사로 무척 바쁩니다. 일꾼 구하기도 힘들고 작은 손이라도 필요한 때라서 이러한 농번기 풍경을 표현한 속담이 있습니다. "소서 때는 새색시도 모 심어라", "소서 때는 지나가는 사람도 달려든다."

기운을 북돋워 주는 절기음식

소서에는 텃밭에서 나는 가지, 오이, 풋고추, 애호박, 호박잎, 비름나물 등으로 나물반찬을 해서 먹을 수 있습니다. 찬밥에 찬물 말아서 금방 딴 풋고추를 갖은 양념한 쌈장에 콕 찍어서 먹으면 한낮 더위도 물리칠 수 있습니다. 비 오는 날에는 애호박을 얇게 썰어 묽은 반죽 묻혀 달님전도 부치고, 깻잎 두 장을 붙여 묽은 반죽 묻힌 후에 전을 부쳐 막걸리

대서

7월 22일경

큰더위 – 어떻게 더위를 즐길 수 있을까요?

대서大暑는 1년 중 가장 더울 때라 큰 더위(한더위)라고 부릅니다. 대개 중복中伏이고 장마가 끝나는 때입니다. 때때로 장마전선이 늦게까지 한반도에 동서로 걸쳐 있으면 큰비가 내리기도 하고, 뇌성벽력雷聲霹靂을 동반한 소나기가 쏟아지기도 합니다. 한 차례 비가 내리면 잠시 더위가 식기도 하나 다시 엄청난 뙤약볕이 내리쬡니다. 어쩌다 소나기가 한차례 지나고 난 마당에 난데없는 미꾸라지들이 떨어져 버둥거리기도 하는데요. 이런 현상은 회오리 빗줄기를 타고 하늘로 치솟았던 녀석들이 비가 그치면서 땅으로 떨어진 것인데, 어른들은 이걸 지져 먹으면 기운이 난다고들 했습니다.

대서 초후 5일에는 썩은 풀이 변해 반딧불이가 되고, 중후 5일에는 흙이 축축해지고 무더워지며, 말후 5일에는 때로 큰비가 내린다고 합니다. 옛사람들은 두엄에서 사는 굼벵이가 반딧불이가 되었다고 생각하고 반딧불이를 개똥벌레로 불렀습니다. 두엄이나 썩은 풀에서 자라는 애벌레는 꽃무지 같은 딱정벌레류의 애벌레입니다. 대서에는 열대야가 계속됩니다. 매년 폭염과 열대야 기간이 길어지고 있어서 걱정입니다.

대서 절기살이

올여름 유럽은 불처럼 뜨겁다고 합니다.
최근 지나치게 더워지고 있는데
열매를 제 모양대로 힘껏 키우고
활기찬 생명 기운 북돋워 주는
본래 여름 더위는 어디로 갔을까요.

끝없는 인간의 탐욕스러움에

어머니 지구 자연은 견딜 수 없어
온몸으로 몸부림치고 있는데
어리석은 우리는 깨닫지 못하고
스스로 자기 무덤만 파고 있습니다.

불타는 지구가 보이지 않나요?
우리에게 가장 중요한 일은 무엇일까요?
지금 우리는 무엇을 해야 할까요?
우리에게 주어진 생명의 시간은
이제 얼마나 남아 있을까요?

생명을 낳고 기르는 더위가
점점 죽임의 더위로 변하여
종말의 징후를 보이는 대서 절기에
아무런 느낌 없이 사는 내 삶은
정말 살아 깨어 있는 삶일까요?

2019. 7. 23

대서 절기놀이
더위를 즐겨라

대서는 중복과 말복 더위가 있는 가장 더운 절기이지요. 모두가 열대야로 잠 못 드는 밤이 계속되어 빨리 더운 여름이 지나가길 바랍니다. 요즘 사람들은 이 삼복더위가 찾아오면 에어컨을 과도하게 틀면서 여름 같지 않게 지내기 때문에 지구온난화가 더욱 심해지고 있습니다. 하지만 우리 옛사람들은 전기 없이 자연 속에서 더위를 즐기며 살았습니다. 옛사람들이 했던 더위 놀이를 하면서 더위의 의미와 기후변화에 관해 생각해 봅시다.

준비물 메모지 20장, 네임펜, 얼음, 부채
장소 실내·실외 모두 가능
대상 초등학생 이상

놀이 방법

1 여름 더위는 식물의 열매를 키우고, 그 열매는 우리를 살립니다. 더위는 피해야 할 것이 아니라는 이야기로 놀이를 시작합니다.

2 네 명 정도씩 모둠을 이루게 하여 가위바위보를 하게 한 후, '옛날 모둠' 둘, '현재 모둠' 둘로 나눕니다.

3 각 모둠은 자기 모둠 시절에 더위를 즐기는 방법을 다섯 개씩 적고, 몸으로 표현하게 합니다.

4 한 모둠씩 일어나 전 모둠원이 모두 참여해 자기 모둠의 메모지에 적힌 내용을 몸으로 설명하면 다른 모둠원들은 어떤 내용인지 맞춥니다.

5 빨리 맞추는 모둠이 이깁니다(시간을 정해서 진행해도 됩니다).

6 진 모둠은 이긴 모둠에게 시원하게 부채질을 해 줍니다.

7 놀이가 끝나면 모둠별로 얼음덩어리 한 개씩 나누어 주고 함께 몸을 이용해서 빨리 얼음을 녹이는 놀이도 진행합니다(늦게 녹인 모둠은 빨리 녹인 모둠원들에게 부채질을 해 줍니다).

묻고 답하기

- 어떻게 해야 더위를 즐길 수 있을까요?
- 옛사람들과 지금 사람들의 더위 나는 법은 어떻게 다를까요?
- 기후변화는 왜 생길까요?
- 지구 평균온도가 2도 올라가면 어떤 일이 벌어질까요?
- 지구온난화를 예방할 수 있는 방법은 무엇일까요?
- 나는 올 여름 어떻게 지내고 있나요?

대서 절기놀이 ②
더위는 내 친구

준비물 얼음, 김장봉투, 부채
장소 실외(햇빛이 있는 곳)
대상 초등학생 이상

보통 중복부터 입추가 오기 전까지가 가장 덥습니다. 정약용 선생은 더위를 물리치기 위한 여덟 가지 방법인 '소서팔사消暑八事'를 쓰기도 했습니다. 소서팔사는 소나무 숲에서 활쏘기, 느티나무 밑에서 그네 타기, 나무 아래에서 바둑 두기, 연못에 가서 연꽃 구경하기, 숲속에서 매미 소리 듣기, 비 오는 날에 시 짓기, 빈 정자에서 투호 놀이 하기, 달밤에 물가에서 발 씻기입니다. 일반 백성들은 대청마루나 그늘에서 죽부인을 안고 낮잠을 자며 더위를 피하기도 했습니다. 그런데 더위는 꼭 물리치고 피해야만 하는 것일까요? 더위가 키운 열매를 우리가 먹는데 말이지요. '더위는 내 친구' 놀이를 하면서 여름이 왜 더워야 하는지, 더위의 의미를 알아봅니다. 또 더위를 어떻게 맞이하면 좋을지 직접 체험하며 자연과 함께 더위 즐기는 법을 배우며 더위와 친구가 되어 봅시다.

놀이방법

1 두 모둠으로 나누어 말 이어 가기와 말 연상놀이를 진행합니다.
2 말은 뜨거운 더위와 관련된 단어들로 제한합니다.
3 모둠별로 말할 순서를 정하고 모둠이 서로 번갈아 가며 말 이어 가기를 합니다.
4 먼저 첫 번째 사람이 단어를 말하고, 두 번째 사람은 첫 번째 사람이 말한 단어를 말하고 생각한 것을 말합니다.
5 세 번째 사람은 첫 번째 사람과 두 번째 사람이 말한 것

을 순서대로 말하고 생각한 것을 말합니다. 이렇게 마지막 사람까지 이어서 말합니다.

6 앞사람의 말을 기억하지 못해 순서가 바뀌거나 틀린 말을 하면 처음부터 다시 합니다.

7 마지막 사람까지 성공한 모둠에게 얼음(두 개)을 주고 그늘에서 시원하게 녹이면서 더위를 즐기도록 합니다.

8 마지막으로 동그랗게 모여 얼음과 물을 넣은 김장 비닐봉투에 발을 넣고 그늘에서 부채질을 하면서 즐거웠던 여름 추억 이야기를 나눕니다.

묻고 답하기

- 더위를 어떻게 생각해야 할까요?
- 더위를 어떻게 보내면 좋을까요?

함께 나누면 좋은 절기 이야기

재미있는 절기 속담

강한 비와 더위가 있는 대서에는 비와 무서울 만큼 뜨거운 불볕더위를 표현한 속담들이 많습니다. "오뉴월 장마에 돌도 큰다", "염소 뿔도 녹는다. 더위에 장사 없다"라는 속담이 대표적이지요. 그리고 여름 장맛비는 지역마다 아주 다르게 내리는데, 이를 "여름 장맛비는 황소 잔등에도 다르게 내린다"라고 표현한 속담도 있습니다.

기운을 북돋워 주는 절기음식

대서 절기에는 텃밭에서 나는 가지, 오이, 풋고추, 애호박, 호박잎, 동부콩잎, 비름나물, 고구마잎으로 쌈이나 국을 해 먹을 수 있습니다. 지난해 된장에 박아 둔 콩잎을 꺼내서 살짝 씻어 다진 마늘과 들기름으로 켜켜이 양념해 밥에 쪄서 먹기도 합니다. 애호박은 납작납작 썰어서 새우젓과 들기름을 넣고 볶아서 먹습니다. 동쪽에서 흐르는 물에 머리를 감고 목욕을 한다는 의미가 담긴 유두流頭에는 시원한 계곡물에 앉아 강낭콩을 넣어 찐 백설기와 수박화채를 먹습니다. 그리고 계곡 주변에서 복분자, 곰딸기, 멍석딸기를 따서 먹기도 합니다.

4

가을
절기놀이

입추

8월 7일경

드는가을 – 가을을 어떻게 맞이할까요?

입추는 여름이 지나고 가을이 시작되는 절기, 가을을 준비해 맞이하는 절기입니다. 이때부터 가을 채비를 시작하는데요. 최근 기후변화로 입추가 지나도 여전히 뜨겁고 열대야가 이어지고 있습니다. 태풍의 영향으로 잦은 소나기가 내리기도 하는데, 이 소나기는 여름내 달구어진 땅을 식히고 가을을 불러오는 역할을 하기도 합니다. 입추 때는 더운 열기 속에 시원한 가을바람도 불고 잠자리도 많이 나타나 가을 기운이 느껴지기도 합니다.

입추에는 김장용 무와 배추를 심고, 10월 서리가 내리고 얼기 전에 거두어서 겨울 김장을 대비하지요. 입추 무렵 농촌은 가장 한가한 농한기라고 할 수 있는데, 김매기도 끝나가고 농촌도 한가해지기 시작해서 "어정 7월 건들 8월"이라는 속담도 전해집니다. 이 말은 5월이 모내기와 보리 수확으로 매우 바쁜 달이라는 사실을 표현하는 "발등에 오줌 싼다"라는 속담과 좋은 대조를 이루는 말입니다.

입추 초후 5일에는 서늘한 바람이 불어오고, 중후 5일에는 이슬이 내리며, 말후 5일에는 쓰르라미가 운다고 했습니다. 예전에는 입추 초후 때 서늘한 바람이 불었는지 몰라도 지금은 그렇게 느낄 수 없을 만큼 덥습니다. 하지만 열대야는 사라지기도 합니다. 쓰르라미는 매미라기보다 풀벌레로 생각됩니다. 입추 때 실제 절기 현상은 비가 자주 내려 열대야가 사라지기 시작하는데요. 최근은 늦더위가 심해서 처서 무렵에야 열대야가 사라집니다. 이때도 여전히 덥고 불볕더위가 계속됩니다. 이때는 가을 대표 곤충인 잠자리가 많이 나타나고, 나팔꽃이 많이 핍니다.

입추 절기살이

여느 해보다 늦게 깨어난 매미들이
무더위 속에 더욱 뜨겁게 울어 댑니다.
올여름 장마는 태풍과 자주 겹쳐
뚜렷한 경계선 없이 길게 느껴지고
그래서인지 습한 더위가 혼을 빼놓습니다.

늘 입추 전에는 가장 더운 날이 찾아와
도무지 가을이 올 것 같지 않지만
8월 장맛비 속에 가을이 숨어 있습니다.
밤잠을 설치게 했던 열대야도
입추 때가 되면 슬며시 사라집니다.

하늘은 스스로 돕는 자를 돕듯이
하늘은 미리 알고 준비한 사람에
원하는 것을 얻게 해 줍니다.

때는 우리를 기다려 주지 않습니다.
때를 알고 준비하는 사람만이
온전히 자기 때를 만들 수 있습니다.

입추는 가을을 준비하는 때입니다.
가을은 여름에 제 모양대로 키운
제 열매를 익히는 계절입니다.
입추는 여름 동안 내 열매를 제대로 키웠는지
무엇이 내 열매를 익게 하는지
어떻게 해야 성숙한 열매가 될 수 있는지
생각하고 준비하는 절기입니다.

2019. 8. 8

입추 절기놀이 1

땅을 식혀라

입추는 가을로 접어드는 시기입니다. 한여름 강한 햇빛으로 뜨겁게 달구어진 땅의 열기로는 신선한 가을을 준비할 수 없지요. 입추 무렵 잦은 소나기가 내리는 이유는 여름내 뜨거워진 땅을 식히고, 열매를 알차게 익혀 줄 이슬과 서리가 찾아오는 가을을 준비하기 위해서입니다. '땅을 식혀라' 놀이로 입추 무렵 내리는 소나기가 달구어진 땅을 식혀 준다는 사실을 이해하고, 아직 뜨거운 기운 때문에 더운 우리의 몸을 시원하게 해 봅시다.

준비물 큰 비닐, 물총(참가자 수 만큼), 양동이, 밧줄
장소 실외
대상 6세 이상

놀이방법

1 땅을 상징하는 '큰 비닐'을 바닥에 깔고, 땅에서 1미터 정도 떨어진 장소에 밧줄로 땅에 울타리를 치듯 동그라미를 그립니다.

2 밧줄 위에 참가자 수만큼 '비'를 상징하는 물총을 준비해 놓아 둡니다.

3 참가자들은 하늘에 있는 '물방울'이 되어 자유롭게 움직이다가 서로 만나는 사람과 가위바위보를 합니다.

4 가위바위보에서 이긴 사람은 진 사람을 자기 꼬리에 붙여 '물방울'을 키워 비구름을 만듭니다.

5 진행자가 "그대로 멈춰라!"를 외치면 가위바위보를 중단하고, 가장 크게 비구름을 만든 모둠은 물총(비)을 들고 땅(비닐)을 향해 '땅(1)', '을(2)', '식(3)', '혀(4)', '라(5)'를 외치며 다섯 번 물총을 쏩니다.

6 물총을 다섯 번 쏘고 나서 물총을 밧줄 위에 다시 놓습니다.

7 처음처럼 '물방울'이 되어 가위바위보를 해서 이긴 사람이 진 사람을 자기 꼬리에 붙이면서 물방울을 키워 비구름을 만듭니다.

8 '물방울'을 키우고 물총을 쏘는 것을 여러 번 반복하여 비닐(땅)에 물이 어느 정도 고이면 모든 참가자가 함께 모여 비닐의 가장자리를 잡고 물 튕기기를 하며 더위를 식힙니다.

묻고 답하기

- 입추 절기 때에 소나기가 자주 오는 이유는 무엇일까요?
- 입추 절기 때에 또 다른 자연의 변화는 어떤 것이 있을까요?
- 어떻게 해야 가을을 잘 준비하여 맞이할 수 있을까요?

입추 절기놀이
더위를 식히는 비 지우개

여전히 뜨거운 8월 초이지만 입추에 들어서면 소나기가 자주 내려 뜨거워진 땅을 식혀 주고, 불어오는 바람의 느낌도 예전과 조금 다르다는 것을 알 수 있습니다. 밤에는 열대야도 사라져 잠자기가 편안해져요. 하지만 요즘은 지구온난화와 기후변화 때문에 입추가 와도 열대야가 여전히 기승을 부리고 시원한 바람의 느낌도 없어서 아쉽습니다. 여름 더위를 식히는 비 지우개 놀이를 하면서 가을을 부르는 소나기와 가을 준비하는 입추 절기의 의미를 알아봅시다.

준비물 더위 이름을 쓴 비옷('불볕더위'와 '찜통더위'), 황토 물감 두 개, 생수통 두 개, 그림 붓 두 개, 물총(케첩 병) 참가자 수만큼

장소 실외(물이 있는 곳)

대상　6세 이상

놀이 방법

1 '장대비'와 '소나기' 이렇게 두 모둠으로 나누고 마주보고 서게 합니다.

2 각 모둠원당 한 명씩 뽑아 '불볕더위'와 '땡볕더위'라 하고 나머지 참가자에게는 물총을 하나씩 나누어 줍니다.

3 '불볕더위'와 '땡볕더위'에게 비옷을 하나씩 입게 합니다.

4 모둠원들은 자기 모둠 비옷 등 뒤에 있는 '불볕더위'와 '땡볕더위' 글자를 황토물감으로 색칠합니다.

5 '장대비' 모둠은 '소나기' 모둠의 '불볕더위'와 '땡볕더위' 글자를 지우고, '소나기'는 '장대비' 모둠의 '불볕더위'와 '땡볕더위' 글자를 지웁니다.

6 빨리 글자판의 황토물감을 지우는 모둠이 가을을 잘 준비할 수 있다는 사실을 알려 줍니다.

7 비옷 뒤에 있는 '불볕더위'와 '땡볕더위' 글자가 지워지면 "가을이다!"라고 외칩니다.

묻고 답하기

- 입추에 소나기는 왜 내릴까요?
- 가을은 어떤 계절일까요?
- 나는 가을을 어떻게 맞이할까요?

함께 나누면 좋은 절기 이야기

재미있는 절기 속담

1년 중 농부가 가장 한가한 때가 입추입니다. 그래서 입추 즈음에 할 일이 없어 빈둥거리며 노는 농촌 풍경을 표현한 "어정 7월, 건들 8월"이라는 속담이 있습니다. 봄날 매우 궁핍한 춘궁기 보릿고개와 함께 벼 추수하기 전인 입추 무렵도 먹을 게 없기는 마찬가지였습니다. 그래서 이 시기를 추궁기라고도 하지요. 이에 관련된 속담으로는 "칠궁이 춘궁보다 더 무섭다", "7월 사돈은 꿈에 볼까 무섭다", "6~7월 손님은 범보다도 무섭다", "3일 굶으면 먹을 것 싸 들고 오는 사람이 있다" 등이 있습니다. 이런 속담을 보면 입추 때가 봄 보릿고개보다 더 어려웠던 것 같기도 합니다.

기운을 북돋워 주는 절기음식

여름 지나 가을이 시작되는 입추에도 여전히 뜨거운 날씨와 열대야가 이어집니다. 하지만 사람들은 이때 김장용 무와 배추를 심고 겨울 김장을 대비합니다. 밭 한가득 자라고 있는 여러 채소와 울타리 삼아 심어 놓은 호박과 옥수수가 알차게 익어 가는 시기이기도 합니다. 아직 다 자라지 않은 보드라운 연둣빛 애호박을 따서 동그랗게 썰어 전을 부치거나 찌개에 넣어 먹으면 든든한 한 끼가 됩니다. 또 모깃불 피워 놓고 평상에 앉아 한 알 두 알 옥수수 알을 빼 먹으며 가을을 느껴 보는 건 어떨까요. 이때 먹는 절기음식으로는 애호박전, 단호박, 들깻잎(김치. 찜), 고구마순, 오이(김치), 풋고추, 옥수수가 있고, 과일로는 산수박, 복숭아, 토마토 등이 있습니다.

처서

8월 23일경

가는더위 – 가을은 어떻게 올까요?

처處는 '쉬다 또는 머무르다'라는 뜻이 있고, 서暑는 '더위 또는 더운 계절'을 뜻합니다. 더위가 쉬는 때니 바로 더위가 서서히 사라지는 때가 되었다는 말입니다. '더위를 처분한다'라는 뜻도 있는데, 여름이 지나 선선한 가을을 맞이해 더위를 식힐 수 있다고 해서 이런 이름이 붙었습니다.

처서가 지나면 따가운 해님의 기운이 누그러져서 풀이 더 자라지 않기 때문에 논두렁이나 산소의 풀을 깎아 벌초했지만, 요즘은 늦더위로 계속 자라납니다. "처서가 지나면 모기도 입이 비뚤어진다"라는 속담이 있지만, 요즘은 지구온난화로 처서가 지나도 모기가 여전히 극성을 부리다가 겨울이 되어서야 사라집니다.

처서 초후 5일에는 매가 새를 잡아 늘어 놓고, 중후 5일에는 천지가 쓸쓸해지기 시작하며, 말후 5일에는 벼가 익는다고 했습니다. 처서부터 더위가 식어 가면서 매와 같은 맹금류는 새끼를 키우기 위해 먹이를 준비하고, 음의 기운이 살아나면서 점차 햇볕이 약해져 천지가 쓸쓸해지고 있다는 느낌을 받게 됩니다. 처서 때는 속담처럼 가을 하늘에 뭉게구름과 새털구름이 나타나고, 가을바람이 불면서 가을 느낌이 더 선명해집니다. 기온이 내려가면서 매미 소리는 줄어들고 귀뚜라미 소리는 커지지요. 그리고 처서 무렵에는 나팔꽃, 붉나무, 박주가리, 삼잎국화, 상사화의 꽃을 볼 수 있습니다.

처서 절기살이

땅에는 귀뚜라미 등을 타고
하늘에는 뭉게구름을 타고
가을이 온다는 처서 절기입니다.
지난해보다 그리 덥지 않았지만
오랜 기간 내린 장맛비 때문에
습한 무더위가 찾아와
숨 막히게 했던 올여름이었습니다.

때늦게 올라온 말매미가
온 힘을 다해 목이 터져라
가는 여름을 아쉬워하고 있습니다.
무리 지은 잠자리 떼 날갯짓은
시원한 가을바람을 일으켜
가는 더위 더 멀리 날려 보내고
한낮 폭염도 물러가게 합니다.

아직 8월까지는 열매를 키우는
더운 열기가 남아 있지만
처서 절기에는 오는 가을을
잘 준비해서 맞이해야 합니다.

올해 입춘 때 뿌린 씨앗이
얼마나 열매를 잘 만들었는지
그 열매를 어떻게 제대로 익힐 것인지
그리고 가을이 되면
향기 나고 맛있는 나만의 열매를
다른 이들과 어떻게 나누고 베풀며
남은 삶을 살아갈 것인지
깊이 헤아려야 합니다.

2019. 8. 23

처서 절기놀이 ①

뭉게구름과 귀뚜라미 타고 가을로 출발

대상   7세 이상

처서 절기는 여름은 가고 본격적으로 가을 기운이 자리 잡는 때입니다. "가을은 땅에서는 귀뚜라미 등에 업혀 오고, 하늘에서는 뭉게구름 타고 온다"라는 속담처럼 이때쯤 되면 뭉게구름이 많이 보이는 화창한 날씨가 이어지고 귀뚜라미 소리가 가을을 재촉합니다. 우리도 귀뚜라미가 되어 처서 절기의 자연 변화와 절기 현상들을 알아봅시다.

준비물 긴 밧줄 두 개, 뭉게구름 모양의 처서 절기 카드(귀뚜라미, 뭉게구름, 복숭아, 벌초, 이불 말리기, 익은 벼, 포도, 매미, 고구마, 쑥부쟁이, 고추잠자리), 뭉게구름 모양의 다른 절기 카드(벚꽃, 물놀이, 눈사람, 눈썰매, 진달래, 보리, 새싹, 장갑, 수박, 개나리)

장소 실내·실외 모두 가능

놀이방법

1. 긴 밧줄 한 개로 선을 그어 놓고 '땅'이라 합니다.
2. '땅'과 5미터 정도 떨어진 곳에 긴 밧줄 한 개를 마주 놓고 '하늘'이라 합니다.
3. '하늘'에는 뭉게구름 카드(절기 현상이 쓰여 있는)를 참가자당 두 장 이상 뒤집어 놓습니다.
4. 참가자들을 '왕귀뚜라미'와 '알락귀뚜라미' 두 모둠으로 나누어 '땅' 줄에서 '하늘'을 바라보고 모둠별로 한 줄로 서게 합니다.
5. 진행자가 "가을로 출발"이라고 외치면 각 모둠 첫 귀뚜라미들은 양팔을 뒷짐 지고 귀뚜라미처럼 '하늘'을 향해 폴짝폴짝 뛰어 갑니다.

6 '하늘'에 도달한 '귀뚜라미'들은 뭉게구름 카드 두 장을 집어서 징검다리를 만들어 밟고 '땅'까지 되돌아옵니다.

7 이어서 두 번째, 세 번째, 마지막 귀뚜라미까지 앞의 내용처럼 놀이를 합니다.

8 먼저 '뭉게구름' 카드를 가지고 '땅'에 돌아온 모둠이 승리합니다.

9 승리한 모둠은 진 모둠에게 '귀뚜라미'처럼 하늘까지 한 번 뛰어 갔다 오라고 벌칙으로 내립니다.

10 벌칙이 끝나면 이제는 '하늘'에서 집어 온 '뭉게구름' 카드 중 '처서 절기 현상' 카드를 어느 모둠이 많이 가져왔는지 알아 봅니다.

11 '처서 절기 현상' 카드를 많이 집어 온 모둠이 '처서 절기 현상' 카드를 적게 가져온 모둠에게 '귀뚜라미'처럼 하늘까지 두 번 뛰어 갔다 오라고 벌칙을 내립니다.

묻고 답하기

- 처서란 어떤 절기일까요?
- 처서에는 어떤 절기 현상이 나타날까요?
- 나는 이 가을 무엇을 준비하고 있나요?

처서 절기놀이 2
이제 가을이야

처서는 여름이 가고 본격적으로 가을 기운이 자리 잡는 때입니다. 하늘은 시원한 소나기를 내려 땅을 식혀 주고, 시원한 바람에 뜨거운 열기가 누그러져 가을이 오고 있다는 기분을 느끼게 됩니다. 처서에 가을이 온다는 것을 알 수 있는 신호가 몇 가지 있는데, 바로 속담에 나오듯이 뭉게구름, 귀뚜라미, 잠자리, 가을바람 등입니다. 가을의 현상과 여름의 현상을 나타내는 그림 카드놀이로 가을이 오는 모습과 어떻게 가을을 맞이해야 하는지 알아봅시다.

준비물 처서 그림카드(뭉게구름, 귀뚜라미, 잠자리, 가을바람), 더위 그림카드(매미, 수박, 물놀이, 부채) 각각 네 장씩

장소 실내·실외 모두 가능

대상 6세 이상

놀이방법

1. '더위'와 '처서' 두 모둠으로 나눕니다.
2. 조금 떨어진 장소에 처서 그림카드와 더위 그림카드를 섞어 뒤집어 놓습니다.
3. 한 사람씩 달려가서 자기 그림카드가 위로 나오도록 뒤집습니다.
4. 10초의 시간을 준 후 멈추게 하고, 다음 사람이 달려가 똑같이 뒤집습니다.
5. 모든 모둠원이 다 마칠 때 어느 쪽 그림카드가 많이 보이는지 세어 봅니다.
6. 서로 자기 모둠 카드를 셀 때 큰 소리로 함께 숫자를 세어 줍니다.

묻고 답하기

- 처서의 뜻은 무엇일까요?
- 처서 속담에 모기 입이 비뚤어진다고 하는데 정말 그럴까요?
- 모기는 언제까지 보일까요?
- 처서에 보인다고 하는 뭉게구름과 귀뚜라미를 실제로 보았나요?
- 여름 구름과 가을 구름은 어떻게 다를까요?

함께 나누면 좋은
절기 이야기

재미있는 절기 속담

"가을은 땅에서는 귀뚜라미 등에 업혀 오고, 하늘에서는 뭉게구름 타고 온다"라는 속담이 있습니다. 실제로 처서가 되면 여름에 보았던 낮은 회색 구름 사라지고 푸른 하늘에 떠 있는 높고 하얀 새털구름이나 뭉게구름을 보게 됩니다. 또한 귀뚜라미와 여치 등 풀벌레 소리가 많이 들리지요. 예전에는 처서에 시원한 바람이 불어 기온이 낮아지면서 모기가 사라졌기 때문에 "처서가 지나면 모기도 입이 비뚤어진다"는 속담도 있습니다. 지금은 지구온난화와 아파트 같은 따뜻한 주거형태가 일반적이어서 겨울이 오기 전까지 모기가 있습니다.

기운을 북돋워 주는 절기음식

처서 절기에는 입추 절기음식처럼 덜 여문 어린 박인 애박(전), 애호박, 단호박, 들깻잎(김치, 찜)을 먹을 수 있지만, 김장 김치를 거의 다 먹고 신 김치만 남게 되는 때이기도 합니다. 그래서 이 시기에 고구마순을 따다 껍질을 벗겨 내고 살짝 데쳐서 찬물에 담가 헹군 후, 찹쌀 풀을 풀어 만든 김치양념에 버무려 아삭아삭한 별미 고구마순 김치를 만들면 좋습니다. 이때 산에는 부지런한 사람만 본다는 칡꽃이 피는데요. 이 시기에 칡꽃을 따서 그늘에 말려 차로 마시면 칡의 좋은 약용 성분을 섭취해 건강을 지킬 수 있어요. 과일로는 '처서에 복숭아'라는 말이 있을 정도로 복숭아가 제철이지요.

백로

9월 7일경

맑은이슬 – 열매는 어떻게 익을까요?

백로는 '흰 이슬', '맑은 이슬'이라는 뜻입니다. 해가 뜨자마자 곧 사라지는 이슬을 말하지요. 백로는 이슬이 내려 가을 분위기가 완연해진다 해서 붙은 이름입니다. 백로 절기에는 밤 동안 기온이 크게 떨어지며 대기 가운데 수증기가 엉겨서 이슬이 됩니다. 이때는 장마도 끝나고 중후와 말후에는 쾌청한 날씨가 이어집니다만, 간혹 남쪽에서 불어오는 태풍이 곡식을 넘어뜨리고 해일 피해를 입히기도 합니다.

아침저녁으로 서늘한 가운데 한낮에는 초가을 늦더위가 쌀농사에 결정적 역할을 합니다. 늦여름에서 초가을 사이 내리쬐는 하루 땡볕에 쌀 수만 섬이 증산된다고 하지요. 여름 장마로 그동안 못 자란 벼나 과일도 늦더위에 알이 굵어지고 단맛도 강해집니다. 참외는 중복까지 맛있고 수박은 말복까지 맛있고 이 즈음에는 '처서 복숭아, 백로 포도'가 제철입니다.

백로 초후 5일에는 기러기가 날아오고, 중후 5일에는 제비가 돌아가며, 말후 5일에는 새들이 먹이를 저장한다고 했습니다. 백로는 여름 철새는 가고 겨울 철새는 오는, 철새 교차의 시기입니다. 백로 때는 이름 그대로 낮과 밤의 큰 기온 차 때문에 안개가 끼고 이슬이 내립니다. 이때 나타나는 곤충으로는 늦반딧불이와 늦털매미가 있고, 톱다리개미허리노린재, 호랑나비류 애벌레, 귀뚜라미, 무당거미도 많이 보입니다. 그리고 들에는 벼가, 산에는 도토리, 으름, 은행이 익어 갑니다. 도시에 사는 사람들은 도심 가로수에 달린 은행이 땅에 떨어져 사람들이 밟을 때마다 으깨져 고약한 냄새가 나서 코를 막고 다니는 것을 보게 됩니다. 고마리, 물봉선, 왕고들빼기, 이고들빼기, 서양등골나물, 미국쑥부쟁이, 산박하, 미역취, 코스모스 등이 이때 가을 꽃을 피워 냅니다.

백로 절기살이

태풍 링링의 거친 숨소리에
한여름을 지배했던 그 매미들은
이제 텅 빈 울음통만 남기고
길고 긴 어둠 속으로 사라졌습니다.
도시에서는 잘 느낄 수 없지만
산중에서는 흰이슬, 맑은이슬을
의미하는 백로 절기 이전부터
아침 풀잎에 맺힌 이슬방울을 볼 수 있습니다.

올해 입추 이후 내리는 잦은 가을비는
태풍까지 겹쳐 수확을 앞둔
농부들의 마음을 애타게 합니다.
기후변화로 땅이 너무 뜨거워져
더 많은 비가 필요해서 그럴까요.
하늘이 하는 일은 다 그럴만한 이유가 있겠지만
요즘에는 인간이 지은 업보일 것이라 생각합니다.

찬기운 본격적으로 내리는 백로는
뜨거운 기운으로 만들어진 열매를
말랑하고 맛있게 익히는 절기입니다.
우리 여름 인생을 제대로 키우는 것이
뜨거운 사랑과 열정 같은 것이라면
그 뜨거운 인생을 제대로 익히는 것은
뜨거운 것이 아닌 찬기운이라는 사실이
백로가 주는 삶의 최고 지혜입니다.

실패, 좌절, 방황, 한숨, 눈물, 고독,
많은 고난과 역경이 바로 찬이슬입니다.
인생이라는 열매는 찬이슬만이
잘 익힌다는 백로 절기의 가르침을
깊이 새겨들어야 할 때입니다.

2019. 9. 8

백로 절기놀이

포도 한 알 속에는

백로는 한로 상강과 함께 이슬에 관한 절기입니다. 여름 동안 뜨거운 햇볕을 받으며 만들어진 열매의 속을 찬 기운을 가진 이슬이 내려 앉아 부드럽고 맛있게 익히는 시기이지요. 백로 절기는 포도가 가장 맛있게 익는 때이기도 합니다. 잘 익은 포도 한 송이는 단순한 과일 열매가 아닙니다. 포도 한 알을 만들기 위해 온 우주 자연과 생명들이 힘을 합했기 때문입니다. 이 놀이로 하나의 열매가 만들어지고 익어 가기까지 도움을 준 많은 생명들을 생각해 보고, 이들이 서로 어떤 관계가 있는지 알아봅시다.

준비물 포도 한 송이가 그려져 있는 천(교구), '도토리 한 알 속에는' 인용문(151쪽 시)

장소 실외

대상 6세 이상

놀이방법

1 참가자는 포도 한 송이가 그려져 있는 보자기를 중심으로 둥글게 섭니다.

2 참가자들은 포도 한 송이가 만들어지기까지 도움을 준 자연물을 주워서 보자기 위에 올려놓습니다(벌을 닮은 돌멩이, 새처럼 보이는 나뭇가지 등 연상되는 자연물을 찾아 와도 됩니다).

3 참가자가 모두 자연물을 보자기 위에 올려놓으면 진행자는 돌아가며 왜 그 자연물을 가져 왔는지 이야기를 나누게 합니다.

4 묻고 답하기가 끝나면 '도토리 한 알 속에는'을 읽어 줍니다.

묻고 답하기

- 백로 절기에 이슬은 왜 생길까요?
- 이슬은 어떤 일을 할까요?
- 한 알의 열매가 되기 위해서는 어떤 도움이 필요할까요?
- 나는 누구에게 어떤 도움을 받고 있나요?
- 나는 누구에게 어떤 도움을 주고 있나요?

도토리 한 알 속에는 유종반(초록지렁이)

도토리 한 알 속에는

도토리 한 알 속에는 커다란 참나무가 있고

도토리 한 알 속에는 거대한 숲이 있지요

도토리 한 알 속에는 벌, 나비, 무당벌레, 사슴벌레가 있고

도토리 한 알 속에는 옆새우, 도롱뇽, 개구리, 뱀이 있고

도토리 한 알 속에는 딱따구리, 꾀꼬리, 어치, 직박구리가 있고

도토리 한 알 속에는 다람쥐, 청서, 족제비가 있고

도토리 한 알 속에는 지렁이, 땅강아지, 두더지가 있지요

도토리 한 알 속에는 햇볕, 구름, 비바람이 있고

도토리 한 알 속에는 하늘과 땅, 삼라만상이 있지요

도토리 한 알 속에는 어제, 오늘, 내일, 여기저기가 있고

도토리 한 알 속에는 나와 너, 모두가 있지요.

백로 절기놀이

이슬 속으로 풍덩

백로 때부터 소나기와 바람이 불러 온 가을이 본격적으로 시작됩니다. 맑고 영롱한 이슬은 바람이 많고 구름이 낀 밤보다 바람이 없고 맑은 밤에 더 잘 맺힙니다. 이슬 내린 아침에는 물기가 많아 강우량이 적을 때 식물에게 충분한 수분을 공급해 줍니다. 백로 절기에는 뜨거운 햇볕으로 키운 열매가 익어 가기 시작하지만 요즘은 이슬 보기가 쉽지 않습니다. 이 놀이를 하면서 열매를 익히는 이슬을 만들어 관찰도 하고, 이슬을 가지고 놀면서 이슬의 의미를 알아봅니다.

준비물 분무기, 연잎(토란잎), 투명구슬
장소 실외
대상 6세 이상

놀이방법

1 주변에 이슬방울이 없을 경우, 주변 나뭇잎이나 풀잎에 분무기로 이슬방울을 만듭니다.

2 거미 없는 거미줄에도 이슬을 만들어 봅니다.

3 백로에는 이런 이슬방울이 풀잎이나 거미줄에 맺힌다고 설명한 후, 이슬방울에 비친 내 모습과 이슬방울 속 풍경을 관찰하고 이야기 나눕니다(이슬방울이 잘 만들어지지 않을 경우, 투명구슬로 이슬방울을 대신할 수 있습니다).

4 유아의 경우, 이슬방울을 모아서 연잎이나 토란잎을 이용해 일렬로 늘어서서 이슬방울이 떨어지지 않도록 전달해 봅니다. 초등학생 이상의 경우, 두 모둠으로 나누어 목적지를 돌아오는 이슬방울 이어달리기를 해 봅니다.

5 짧은 '이슬' 글짓기도 해 봅니다(예: 이슬은 OOO이다).

묻고 답하기

- 이슬방울을 보았을 때 어떤 느낌이 들었나요?
- 이슬은 언제 볼 수 있을까요?
- 이슬은 왜 내릴까요?
- 이슬이 내리면 열매는 어떻게 변하나요?

함께 나누면 좋은 절기 이야기

재미있는 절기 속담

백로에는 농사 관련 속담이 많습니다. "백로 지나서는 논에 가 볼 필요가 없다"라는 속담은 벼가 이삭을 내고 익어 가고 있기 때문에 이제 논에 가서 돌보지 않아도 벼는 익어 간다는 뜻입니다. "백로 안에 벼 안 팬 집에는 가지도 말아라"라는 속담은 늦어도 백로까지 이삭이 나와야 잘 익은 벼를 거두어 먹을 수 있다는 뜻인데, "백로 전 미발이면 알곡 수확물이 없다"라는 속담도 이와 같은 의미입니다. 예나 지금이나 양념에 꼭 필요해서 비싼 고추는 꽃이 오래 필수록 열매가 오래 열려 수확을 많이 할 수 있습니다. 그래서 나온 속담이 "백로까지 핀 고추꽃은 효도한다"입니다.

기운을 북돋워 주는 절기음식

백로는 밤 동안 수증기가 얼어붙어 흰 이슬이 내리고, 낮에는 일조량이 많아 곡식과 과일 등 오곡백과가 익어 먹을 것이 풍성해지는 때입니다. 그중에서도 단물이 들어 가장 맛있는 것은 포도입니다. 옛날에는 편지 첫머리에 "포도순절 葡萄旬節에 기체 만강하시고"라는 구절을 많이들 썼는데, 백로에서 추석까지 기간이 바로 그 '포도' 계절입니다. 손편지가 귀해진 요즘 포도즙 찍어 향기 채운 편지 한 장을 보내 보면 어떨까요? 요즘에는 포도를 즙을 내어 주스로 먹기도 하고, 설탕 넣고 졸여서 잼을 만들어 먹기도 하고, 포도주를 만들어 먹기도 합니다. 아직 제철인 부추, 비름, 민들레잎 나물, 애박, 풋고추, 가지, 호박, 고구마순 등도 먹을 수 있으며, 열매로는 늦복숭아, 무화과, 오미자, 다래, 으름, 까마중이 제철입니다. 《동의보감》에서는 백로에 내린 콩잎의 이슬을 새벽에 손으로 훑어 먹으면 속병이 낫는다고 했습니다.

추분

9월 22일경

온가을 – 익은 열매는 어떤 모습일까요?

추분은 천문학에서 태양이 북에서 남으로 천구의 적도와 황도가 만나는 곳인 추분점秋分點을 지나는 9월 22~23일경을 말하는데요. 이때 낮과 밤 길이가 같지만, 실제로는 태양이 진 뒤에도 어느 정도 빛이 남아 있어서 낮 길이가 더 길게 느껴집니다. 이 시기부터 낮 길이가 점점 짧아지고 밤 길이가 길어지지요. 가을은 하루 평균 기온이 20도 이하로, 최고 기온이 25도 이하로 내려가는 때입니다. 이날을 중심으로 비로소 가을이 왔다는 사실을 실감하게 됩니다.

추분 즈음 논밭 곡식을 거두어들이고, 목화와 고추도 따서 말리는 등 잡다한 가을걷이를 합니다. 농사력에서는 이 시기가 추수기로 백곡이 풍성한 때입니다. 추분 절기의 한가위 보름달인 추석 달은 음기를 상징합니다. 고대 종교에서는 생식과 풍요를 상징하는 달의 여신을 숭배했는데, 여성성은 정령 신앙인 토테미즘과 관련이 있어 사람들에게 스스로 정령이 되는 의식을 치르게 했다는 이야기도 있습니다.

추분 초후 5일에는 우렛소리가 비로소 그치고, 중후 5일에는 동면할 벌레가 흙으로 구멍을 막으며, 말후 5일에는 땅 위 물이 마르기 시작한다고 했습니다. 춘분 때와 마찬가지로 음과 양의 기운이 대등하여 천둥번개가 치고, 추분 이후로는 양과 음의 기운이 차이가 나서 천둥번개가 그친다는 이야기 전해 옵니다. 하지만 요즘은 거의 1년 내내 천둥번개가 치는 것을 볼 수 있습니다. 이러한 현상 역시 기후변화 때문이 아닐까 생각합니다. 그리고 가을바람이 불고 쌀쌀해지면 제일 먼저 벌레들이 겨울잠을 위해 준비하고 있다는 것을 알 수 있습니다. 추분 때는 쌀쌀한 바람이 불고 이슬이 자주 내려 완연한 가을임을 느낄 수 있습니다. 설악산에 첫 단풍이 들기 시작하고, 비가 내린 뒤 쌀쌀해지지만 모기는 여전히 보입니다. 이때 기러기들이 많이 날아오지요.

추분 절기살이

하지 이후 점점 양의 기운은 쇠하고
음의 기운이 강해져 추분을 기점으로
낮과 밤의 길이가 같아지고
양과 음의 기운이 대등하여
변화무쌍한 날씨가 이어집니다.
천둥번개도 추분 때까지라고 했습니다.
이제부터는 음의 기운이 천지 흐름을
지배하면서 내 안에 천지 기운이
모이고 응축되기 시작합니다.

추분 절기는 양과 음이 뒤바뀌어
봄여름의 초록빛도 붉노랗게 변하고
풋열매도 농익어 제맛을 찾게 됩니다.
봄에 찾아왔던 제비와 꾀꼬리는
다시 따뜻한 남쪽으로 되돌아가고

추운 북에서 여름을 지낸 기러기는
떼 지어 이 땅을 다시 찾아옵니다.

찬기운 머금은 이슬이 흠뻑 내려
부드럽고 맛있게 익히는 추분 절기에
내 삶의 열매도 잘 익히고 있는지
내 인생은 가을 절기에 잘 익은 삶인지
깊이깊이 헤아려 보아야 합니다.

봄에 다짐하고 뿌린 올해 계획의 열매는
지금 어떤 모습인가요?
열매 익힐 시간이 아직 남아 있으니
열매 익히기 참 좋은 이 가을날
알차고 맛있는 열매 잘 만들어 봅시다.
누군가에게 생명과 삶의 힘이 되는
결실의 때가 되기를 소망합니다.

2019. 9. 23

추분 절기놀이
낮과 밤이 같아요

추분이 되면 낮과 밤의 길이가 비슷해지고, 추분을 지나면 점점 낮 길이가 짧아지고 밤 길이가 길어집니다. 가을은 하루 평균 기온이 20도 이하로, 최고 기온이 25도 이하로 내려갈 때입니다. 이때는 추수의 시기로 오곡백과가 풍성해집니다. '낮과 밤이 같아요' 놀이로 추분 절기를 이해하고 추분 절기의 자연 현상을 알아봅시다.

준비물 나뭇조각 세트(1·2·3센티미터 나뭇조각 세트를 참가자 수만큼 준비), 길이가 다른 나뭇가지(5·10·15센티미터) 많이, 보자기 두 장(낮과 밤을 나타내는 보자기)

장소 실내·실외 모두 가능

대상 6세 이상

놀이방법

1 참가자에게 나뭇조각을 한 세트씩 나누어 줍니다.

2 보자기 두 장을 깔고 보자기 중간에 길이가 다른 나뭇가지를 넣은 바구니를 놓습니다.

3 참가자들은 자유롭게 움직이다가 두 명이 만나면 "하나, 둘, 셋, 추분!"이라고 외치며 갖고 있는 세 개의 나뭇조각 중 한 개를 내어 보입니다. 이때 두 사람이 같은 길이의 나뭇조각을 내보이면 보자기 중간에 있는 나뭇가지 하나씩을 가지고 각각 '낮 보자기'와 '밤 보자기' 위에 모양을 만듭니다 (이때 1센티미터짜리 나뭇조각을 두 사람이 같이 내보이면 가장 작은 길이의 나뭇가지로 자기 보자기에 각자 모양을 이어 만들고, 2센티미터짜리 나뭇조각을 두 사람이 같이 내보이면 중간 길이의 나뭇가지로 낮과 밤 보자기에 모양을 이어 만들며, 3센티미터짜리 나뭇조각을 두 사람이 같이 내보이면 가장 길이가 긴 나뭇가지로 낮 보자기와 밤 보자기에 모양을 이어 만듭니다).

4 두 명이 만나 서로 다른 나뭇가지를 내밀면 헤어져 다른

사람과 만나서 놀이를 반복합니다.

5 어느 정도 시간이 흐르면 진행자가 "그만!"을 외쳐 움직임을 멈추게 합니다.

6 동작을 멈추고 낮 보자기와 밤 보자기에 나뭇가지로 그린 모양을 감상합니다. 그리고 낮과 밤 보자기의 나뭇가지를 길게 이어 전체 길이를 비교해 봅니다.

7 낮과 밤의 보자기에 나뭇가지로 만들 모양은 놀이를 시작할 때 참가자들과 상의하여 열매, 곤충, 나무 등 추분 시기에 보이는 것들을 만들자고 합니다(낮과 밤 보자기에 같은 것을 만들지 않아도 됩니다).

8 놀이를 한 번 마치고 낮과 밤, 양쪽 나뭇가지의 길이가 같은 것처럼 추분에는 낮과 밤의 길이가 같다는 사실을 이야기해 주고, 다시 한 번 놀이를 진행하며 추분 시기에 보이는 다른 모양을 만들어 봅니다.

묻고 답하기

- 추분은 어떤 절기인가요?
- 추분 절기에는 어떤 자연 현상들이 나타나나요?

추분 절기놀이

열매가 익어 가요

추분에는 하늘은 더욱 차가워지고, 땅은 아직 더운 기운이 남아 이슬과 서리가 내리며, 낮과 밤의 기온 차이가 심해져 열매들이 제대로 익어 갑니다. 한 알의 열매가 익기까지 나무는 봄에 꽃과 벌의 도움을 받아 열매를 만들고, 여름에는 뜨거운 더위로 열매를 키우고, 가을에는 찬 이슬로 열매를 잘 익힙니다. 보물찾기 놀이를 하면서 무엇이 열매를 익히고, 어떤 것이 익은 열매의 모습인지, 봄에 뿌린 내 열매는 잘 익어 가고 있는지 다함께 생각해 봅시다.

준비물 꽃·벌·해님·이슬 사진(참가자 수만큼), 도토리(넉넉하게)
장소 공원이나 숲
대상 6세 이상

놀이방법

1 한 알의 열매가 익어 가기까지 어떤 과정을 거치는지 사진을 보며 이야기를 나눕니다.

2 나무와 풀이 있는 장소를 정한 후 봄, 여름, 가을 세 구역으로 나눕니다.

3 봄 장소에는 꽃과 벌 사진, 여름 장소에는 해님 사진, 가을 장소에는 이슬 사진을 접어서 숨겨 둡니다. 사진이 각 계절의 보물이 됩니다.

4 한 사람이 한 구역에서 하나씩만 찾아올 수 있습니다.

5 진행자가 "출발"을 외치면 참가자들은 봄 장소에서 봄 보물을 찾고, 보물을 찾았으면 진행자에게 확인을 받은 후 여름으로 넘어 갑니다.

6 같은 방법으로 여름 장소에서는 여름 보물을 찾아와야 가을로 갈 수 있고, 가을 장소에서는 가을 보물을 찾아와야 합니다.

7 가을 보물을 찾아온 참가자에게 도토리 한 알을 줍니다.

8 도토리를 받은 친구는 다시 봄, 여름, 가을 보물을 찾으러 떠납니다.

9 일정한 시간을 준 후 진행자가 "그만"이라고 외치면 놀이가 끝납니다.

10 도토리 열매를 많이 모은 친구가 열매왕이 되고, 모두 도토리를 부드러운 곳에 심어 주고 추운 겨울을 잘 이겨 내고 새봄에 싹이 나기를 기도해 줍니다.

묻고 답하기

- 겨울 도토리의 꿈은 무엇일까요?
- 도토리는 왜 둥근 모양일까요?
- 도토리가 살리는 생명은 얼마나 될까요?

추분 절기놀이 3
열매들의 수다

추분에는 밤에 이슬이 내리고 찬바람이 붑니다. 이 찬 기운이 열매를 익게 하지요. 제 모습, 제 모양, 제 빛깔로 익어 가는 열매를 관찰하고 찾아서 놀고, 무엇이 열매를 익히고 어떻게 익히는지를 알아봅니다. 그리고 열매 속에 무엇이 들어 있는지를 그 소리에 귀 기울여 봅니다. 놀이를 하면서 봄에 뿌렸던 소망씨앗이 잘 자랐는지, 내 열매는 잘 익어 가고 있는지 함께 생각해 봅시다.

준비물 바구니, 김장봉투, 생태보자기, 장석주 시인의 시 '대추 한 알'

장소 실외

대상 6세 이상

놀이 방법

1 참가자에게 바구니를 나누어 주고 떨어진 나뭇잎과 열매를 줍게 합니다.

2 모두 동그랗게 원을 만들어 생태보자기를 가운데 펼쳐 놓고 모아 온 나뭇잎과 열매를 나누어 봅니다.

3 김장봉투에 나뭇잎과 바람을 넣어 살랑살랑 흔들어 보고 어떤 소리가 나는지 이야기해 봅니다.

4 김장봉투에 가장 작은 열매와 바람을 넣어 천천히 흔들어 보고 어떤 소리가 나는지 이야기해 봅니다.

5 김장봉투에 중간 열매와 바람을 넣어 조금 세게 흔들어 보고 어떤 소리가 나는지 이야기해 봅니다.

6 김장봉투에 가장 큰 열매와 바람을 넣어 세게 흔들어 보고 어떤 소리가 나는지 이야기해 봅니다.

7 김장봉투에 나뭇잎과 모든 열매와 바람을 넣어 천천히 세게 흔들어 보고 어떤 소리가 나는지 이야기해 봅니다.

8 장석주 시인의 '대추 한 알'을 읽어 줍니다.

묻고 답하기

- 열매 속에는 무엇이 들어 있을까요?
- 누가 열매를 익혔을까요?
- 멋진 어른으로 성장하려면 누구의 도움이 필요할까요?

함께 나누면 좋은
절기 이야기

재미있는 절기 속담

"덥고 추운 것도 추분과 춘분까지다"라는 말이 있습니다. 추분에는 완전히 더위가 가고 춘분에는 추위가 물러간다는 의미지요. 추분은 추수 때인 만큼 바쁜 시기라서 부지깽이 같은 일손도 필요하다는 의미의 "가을에는 부지깽이도 덤빈다"라는 속담도 있습니다. 가을에 내리는 비는 여름 장맛비와는 달리 짧고 조금 내리기 때문에 "가을비는 빗자루로도 피한다", "가을비는 오래 오지 않는다"는 말도 있습니다. 그리고 "가을 부채는 시세가 없다"라는 속담도 있는데, 더위가 사라져 더 이상 부채질하지 않아도 되어 부채를 찾는 사람이 없다는 의미입니다.

기운을 북돋워 주는 절기음식

추분 절기의 가을 숲에 가면 잘 익어 바나나처럼 벌어진 으름, 야생 키위인 다래, 오미자, 도토리, 밤이 튼실하게 익어서 툭툭 떨어지는 것을 볼 수 있습니다. 이때에는 숲에 가지 말라고 해도 막 가고 싶어지지요. 추석이 끼어 있는 추분 절기에는 찐 밤과 고소한 콩, 참깨로 소를 만들어 넣은 송편을 먹으며 둥근 보름달을 보고 소원을 빌어 보기도 합니다. 또 땅을 식히는 가을비가 내려 축축해진 숲에는 버섯이 많이 보입니다. 붉은빛 금강소나무 밑에 가면 산신령이 먹는다는 귀한 송이도 만날 수 있어요. 송이는 칼로 자르지 않고 소금으로 간을 맞추어 세로로 잘게 찢어 먹는 게 가장 맛있다고 해요. 이밖에도 애쑥 된장국, 가을 달래장, 배춧잎, 무 숙음, 상추 등이 있고, 도토리묵, 표고버섯도 먹을 수 있습니다. 아직 제철인 애박, 풋고추, 가지, 호박, 옥수수, 고구마순도 추분 때 계속 먹으며, 이때 마실 수 있는 차로는 구절초 차가 있습니다.

한로

10월 8일경

찬이슬 – 열매 속에는 무엇이 들어 있을까요?

추분과 상강 사이에 든 한로는 공기가 차츰 선선해지면서 이슬(한로)이 찬 공기를 만나 서리로 변하기 직전 찬 이슬이 맺히는 때입니다. 찬 이슬 내리는 한로는 겨울 채비를 하라는 첫 번째 하늘 알람이고, 서리가 내리는 상강은 겨울 채비 서두르라는 두 번째 하늘 알람이라 할 수 있습니다. 한로 즈음에는 기온이 더욱 내려가기 전에 추수를 끝내고 오곡백과를 수확하는데요, 농촌은 타작이 한창인 때입니다. 또한 한로에는 아름다운 가을 단풍이 짙어지고, 제비를 비롯한 여름새는 가고 기러기 같은 겨울새가 날아옵니다.

한로는 세시풍속인 중양절重陽節, 重九과 비슷한 때입니다. 양陽의 숫자 가운데 가장 큰 수인 9가 겹치는 중양重陽(9월 9일)이 바로 이때입니다. 중양절에는 특별한 민속 행사가 있으나 한로에는 이렇다 할 행사는 없고, 다만 24절기 중 하나로 지나칩니다. 하지만 한로를 즈음하여 국화전을 지지고, 국화술을 담그며, 온갖 모임이나 놀이가 성행합니다.

한로 초후 5일에는 기러기가 초대를 받은 듯 물가에 모여들고, 중후 5일에는 참새가 큰물로 들어가서 조개가 되고, 말후 5일에는 국화가 노랗게 핀다고 했습니다. 겨울 철새인 기러기는 10월에도 계속 날아들고, 가을 동안 많이 보였던 참새가 날씨가 추워지면서 점점 안 보이게 되고, 바닷가에서는 큰 조개가 잘 잡힌다고 합니다. 한로에는 감과 대추가 익어 가고 산국과 감국, 구절초 등 가을 국화가 피어납니다. 또 설악산에 얼음이 얼기 시작하고 찬 서리가 내립니다. 높은 산에는 단풍이 절정이고 낮은 산에도 단풍이 들기 시작하지요. 하지만 요즘은 황사와 미세먼지가 계속 나타나 좋지 않은 날씨가 자주 찾아오기도 합니다.

한로 절기살이

감나무마다 붉은 해가 열렸습니다.
봄 아기열매 속에 해님 들어가
여름 동안 제 몸집 한껏 키우더니
찬기운으로 더 차가워진 이슬이
한로 절기에야 해님 모습이 되었습니다.

백로 절기에 열매를 익히기 시작하고
추분 절기에 열매를 깊이 익히고
한로 절기에 열매를 온전히 익힙니다.

한로에 나무들은 잘 익힌 열매를
이제 어떻게 멀리멀리 잘 보낼까
열심히 고심하며 천지를 살핍니다.
센 바람 불기를 애타게 기다리고
새와 길짐승 오기를 학수고대합니다.

내 열매를 익힐 따뜻한 햇볕도
이제 조금밖에 남지 않았습니다.
내 삶의 열매도 제대로 익혀
후회 없는 삶으로 만들어야 합니다.

내 삶의 열매는 얼마나 잘 익었나요?
가시도 솜털처럼 부드럽게 대하는
말랑말랑한 사랑의 마음을 지녔나요?

나 때문에 살아갈 수 있다고
나 때문에 살고 싶다고 말하는
그 누군가가 얼마나 있을까요?

나는 타고난 나만의 빛과 향기로
내 이름으로 나의 모습으로
얼마나 나답게 살아가고 있나요?

2019. 10. 8

 한로 절기놀이 1

찬이슬이 열매를 익혀요

한로에는 농부들이 오곡백과 수확에 한창입니다. 이때 내리는 찬이슬은 초록색 열매를 제 빛깔로 만들고 말랑말랑하게 익혀 맛도 좋게 만들지요. 그리고 제 할 일을 다 한 나뭇잎은 색깔이 점점 변하고, 다 익은 열매들은 부모나무를 떠나 멀리 이동하기 시작합니다. 잘 익은 열매는 어떤 열매인지, 여름의 뜨거운 기운으로 키운 열매를 찬이슬로 익히는 나무의 지혜를 알아봅시다.

준비물 열매카드(앞: 초록, 뒤: 빨강) 두 장, 날씨 그림카드 주머니(비, 찬이슬 각각 네 개씩) 두 개, 밧줄
장소 실내·실외 모두 가능
대상 6세 이상

 놀이 방법

1 두 모둠으로 나누고 모둠별로 '가을'을 한 명씩 뽑습니다.
2 출발선을 밧줄로 표시하고 출발선 2미터 간격으로 열매 카드를 초록색이 보이도록 펼쳐 놓습니다.
3 참가자들은 출발선 바깥쪽(열매카드 반대편)에 두 줄로 서고 '가을'은 자기 모둠 열매 앞에 섭니다.
4 진행자의 신호에 따라 첫 사람이 출발선에서 자기 '가을'과 하이파이브를 하고 날씨 그림카드 주머니에서 카드 하나를 뽑아 확인합니다.
5 그림카드가 '찬이슬'이면 열매카드 하나를 뒤집고 들어와 맨 마지막에 서고, 다음 참가자가 나갑니다. '비'가 나오면 그냥 돌아와 맨 마지막에 서고 다음 참가자가 나갑니다.
6 초록색 열매가 빨강색이 될 때까지 릴레이로 진행합니다.

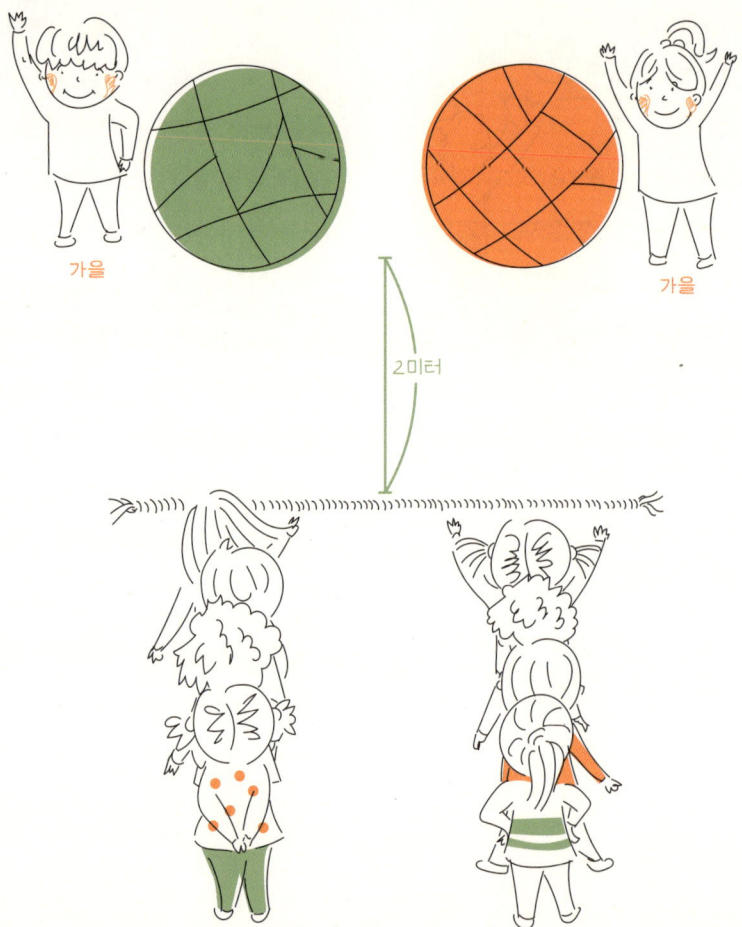

묻고 답하기

- 어떤 열매가 다 익은 열매인가요?
- 빨간 열매는 누가 익혔을까요?
- 이슬을 보았나요?
- 이슬이 하는 일은 무엇일까요?

한로 절기놀이 2
열매를 익혀라

한로는 여름 동안 뜨거운 햇볕으로 만들어진 열매의 속을 찬 기운을 가진 이슬이 부드럽고 맛있게 익히는 시기입니다. 뜨거운 햇볕을 받아 커진 열매에 찬 이슬이 합쳐져 잘 익은 과일을 만드는 과정을 놀이로 알아봅니다. 그리고 입춘 절기에 고른 각자의 씨앗이 청명 절기에 싹이 나서, 입하 절기에 열매를 만들고, 소서 절기에 열매를 잘 키워, 한로 절기에 잘 익어 갔는지 생각하는 시간도 가져 봅시다.

준비물 나뭇조각 세트(열매·햇볕·이슬 나뭇조각 참가자 수만큼), 열매 스티커

장소 실내·실외 모두 가능

대상 6세 이상

놀이방법

1 열매·햇볕·이슬 나뭇조각을 한 세트씩 나누어 줍니다.

2 참가자들은 돌아다니다 세 명이 모이면 세 명이 함께 "열매를 익혀라!"라고 외치며 가지고 있는 열매·햇볕·이슬 나뭇조각 중에 하나를 동시에 내보입니다.

3 세 명이 동시에 내보인 나뭇조각 세 개가 '열매·햇볕·이슬' 한 세트가 되면 열매 스티커를 손등에 붙여 줍니다.

4 세 명이 동시에 내보인 나뭇조각 세 개가 한 세트(열매·햇볕·이슬)가 되지 않으면 흩어져 각자 다른 사람 세 명이 모여 한 세트가 될 수 있도록 맞추어 봅니다.

5 열매 스티커를 붙인 참가자들은 다시 처음처럼 다른 사람들과 만나서 열매를 익히는 놀이를 반복합니다.

6 정해진 시간이 지나면 놀이를 마치고 열매 스티커를 많이 받은 사람이 누구인지 알아봅니다. 그리고 '열매왕'을 뽑아 다함께 박수를 쳐 줍니다.

묻고 답하기

- 한로는 어떤 절기 인가요?
- 한로 절기에는 어떤 열매들이 보이나요?
- 한 알의 열매가 되기 위해서는 어떤 것들의 도움이 필요한가요?
- 나의 열매는 잘 익고 있나요?
- 나는 누구에게 어떤 도움을 받고 있나요?
- 나는 누구에게 어떤 도움을 주고 있나요?

함께 나누면 좋은 절기 이야기

재미있는 절기 속담

한로 절기 즈음에는 세시풍속인 중양절(음력 9월 9일)이 있습니다. 동양에서 홀수는 '길하다'는 양수인데, 이 양수 중에서 가장 높은 양수 9가 두 번 겹쳤다고 해서 중양절이라는 이름이 붙었습니다. 찬 이슬이 내려 기온이 많이 내려가는 때인 중양절 이후에는 여름이 다 가서 모기도 죽고 겨울 채비를 해야 한다는 뜻이 담긴 "모기는 중양절에 떡 먹고 죽는다"와 "중양고(떡)를 먹으면 여름 옷을 싸야 한다"는 절기 속담이 있습니다. 그리고 "가을 곡식은 찬이슬에 영근다"라는 속담도 있는데, 여름 동안 뜨거운 더위로 만들어진 열매는 찬 기운이 함께 해야 잘 익고 맛있어진다는 뜻입니다. 사실 기온차가 심한 곳에서 익어 가는 과일이나 열매가 더 맛있고 알차다는 것은 널리 알려진 사실입니다.

기운을 북돋워 주는 절기음식

찬이슬이 맺히는 한로 절기에는 중양절이라 해서 붉은 산수유 열매 주머니를 만들어 팔에 매달거나 허리에 차고 다녔다고 해요. 산수유 가지를 머리에 꽂고 산수유 술을 마시거나, 국화꽃을 따서 베주머니에 넣어 술독에 담그기도 하고, 약주에 국화꽃을 띄워 국화주를 마시며 시를 지었다고 합니다. 산수유는 악귀를 물리쳐 준다고 하고, 국화주는 장수를 기원하는 의미라고 해요. 가을에 한창인 국화꽃을 따서 진달래 화전처럼 만든 국화전도 한로 절기에 즐겨 먹는 제철음식입니다. 들과 밭에서 나는 고구마, 가을냉이, 마, 도라지, 더덕 등도 이때 맛있게 먹을 수 있습니다. 산국과 감국 등을 말린 국화차와 한창 맛있게 익은 대추, 은행, 배, 사과, 밤 같은 열매들도 많습니다.

상강

10월 23일경

서리내림 – 단풍잎에는 무엇이 써 있을까요?

한로와 입동 사이에 든 상강 절기에는 쾌청한 날씨가 이어지며 밤 기온이 매우 낮아지기 때문에 수증기가 지표에서 엉겨 서리가 내리게 됩니다. 상강은 계절이 크게 바뀌는 대전환의 절기이기도 합니다. 여름철 초록색 잎들은 다양한 색으로 단풍이 들고, 푸르고 딱딱한 열매들도 붉게 잘 익어 땅에 떨어지기 때문입니다. 이때 곤충들을 비롯해 겨울잠을 자는 동물들은 땅속으로 들어가거나 은둔처를 마련하고 새들도 활동이 줄어드는 것을 볼 수 있습니다. 상강은 농경 시필기始畢期(처음과 끝)와도 관련됩니다. 9월 들어 시작된 추수는 상강 무렵이면 마무리됩니다. 이제 농사일은 다음 해 농사를 대비하는 잔일만 남게 되지요.

상강 초후 5일에는 승냥이가 산 짐승을 잡고, 중후 5일에는 초목이 누렇게 떨어지며, 말후 5일에는 겨울잠을 자는 벌레가 모두 땅에 숨는다고 했습니다. 상강이 되면 동물들은 겨울잠과 겨울을 준비하는데, 들개인 승냥이는 겨울 먹이를 마련하고 벌레는 땅속에 들어가 겨울잠에 들기 시작합니다. 상강에는 절기 이름처럼 서리가 자주 내리는데, 도심에서는 온도가 높아 쉽게 볼 수 없습니다. 아침 기온이 10도 이하로 내려가고, 11월 초에는 아침에 영하로 떨어지기 시작합니다. 두루미와 황새 같은 겨울 철새가 날아오고, 동네 야산의 단풍도 절정을 이룹니다.

상강 절기살이

산과 들이 오색단풍으로 물들고
서리가 내린다는 상강 절기인데
올해는 이상기후인 가을 더위로
유난히 봄꽃이 많이 피었습니다.
서리는 살아 있는 끝에 오지요.
나이 들어 머리가 새하얘지듯이
서리가 내린다는 것은
끝이 바로 눈앞에 있다는 의미입니다.

서리는 마지막 하늘 알람입니다.
이슬이 여유 있는 봄 바람 같다면
서리는 다급한 봄 천둥소리입니다.
바로 코앞에 겨울이 서 있으니까요.
서리가 내리면 살아 있는 것들은
이제 정리와 준비를 해야 합니다.

남은 햇볕이 한 줌밖에 없으니까요.

잘잘못을 따져 가슴 치며 후회하고
새로운 삶을 살라는 것이 아닙니다.
지금 그대로 내 모습을 받아들이고
무엇을 남기고 나눌지 헤아려야 합니다.

끝은 끝이 아니라 시작이어야 합니다.
침묵의 겨울 속에서 새봄이 태어나듯이
밀알이 썩어야 새 생명이 태어나듯이
내 끝은 누군가의 시작이 되어야 합니다.

인생길은 사전답사가 없다고 합니다.
저승길 답사 간 사람 아직 돌아오지 않았다고 합니다.
삶의 끝자락에 내리는 서리 속에 담긴
하늘이 주신 말을 잘 새겨 보아야 합니다.

2019. 10. 24

상강 절기놀이

수고 했어요, 모두들

상강 절기는 초록의 나뭇잎들이 제 할 일을 다 하고 자축하는 축제의 절기입니다. 울긋불긋 다양한 색의 잎들은 가을 바람과 함께 나무와 작별을 하고 땅으로 떨어져 대지를 덮어 주지요. 상강 절기에는 온몸으로 열매를 키워 준 나무줄기, 나뭇잎, 나무의 뿌리에게, 그리고 나무와 함께 살아가는 모든 생명에게 고마움의 편지를 써 보는 활동을 해 봅시다.

준비물 다양한 색으로 물든 나뭇잎, 흰색 젤리펜, 줄, 집게, 나무가 그려진 보자기(줄을 묶을 나무가 없을 경우)

장소 실외

대상 초등학생 이상

놀이방법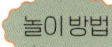

1 단풍이 든 주변의 나무와 풀을 관찰해 봅니다.

2 단풍이 든 이유를 이야기해 보고, 상강 절기의 의미에 관해 이야기를 나눕니다.

3 진행자는 주변에 있는 큰 나무의 줄기를 줄로 묶고 그 줄에 작은 집게를 여러 개 매달아 놓습니다(큰 나무가 없을 때에는 여러 나무를 함께 묶어도 되고, 바닥에 나무가 그려져 있는 보자기를 깔아 놓아도 됩니다).

4 참가자들은 단풍이 든 잎 여러 장을 주워 옵니다.

5 참가자들은 주워 온 나뭇잎에다 나무의 줄기, 가지, 나뭇잎, 뿌리, 또 나무에 사는 다양한 생명들에게 고마움을 표현하는 메시지를 적어서 나무에 묶어 놓은 줄의 집게에 꽂아 놓습니다(또는 나무가 그려진 보자기의 나무 위에 올려 놓습니다).

6 감사 메시지를 적은 단풍잎이 매어 놓은 줄에 꽉 찰 때까지 진행합니다.

7 참가자들이 나무 주변에 둥글게 서서 노래도 부르고, 자

연물 악기를 이용해 리듬도 만들어 보며 축제처럼 놀아 봅니다.

8 마무리는 참가자들이 감사 메시지를 쓴 단풍잎을 나무 뿌리나 주변의 다양한 생명들이 쉴 만한 곳에 추운 겨울 따뜻한 이불이 되도록 놓아 줍니다.

묻고 답하기

- 단풍이 드는 이유는 무엇일까요?
- 단풍이 든 것을 보면 어떤 생각이 드나요?
- 내 모습은 언제 가장 멋있었나요?
- 나에게 고마운 사람은 누가 있을까요? 이유는 무엇인가요?

상강 절기놀이

서리 맞고 낙엽지다

상강은 대변화, 대전환의 때입니다. 가을이란 '갈다, 바뀐다'라는 의미인데 서리 내리는 상강 절기가 그 절정이지요. 나뭇잎은 초록색이 사라지고 본래의 색이 드러나 아름다운 단풍색으로 변합니다. 열매도 색이 변하면서 부드럽고 맛있게 됩니다. 상강 절기에는 아름다운 단풍잎을 관찰하고, 낙엽놀이를 하면서 단풍잎과 낙엽과 서리가 주는 의미를 생각해 보고 나무처럼 곧 다가올 겨울 준비를 해 봅시다.

준비물 낙엽오자미(낙엽을 넣어 만든) 두 개, 밧줄
장소 공원이나 숲
대상 6세 이상

놀이방법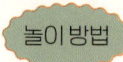

1 '단풍잎'과 '서리' 두 모둠으로 나눕니다.

2 피구놀이처럼 네모난 틀을 바닥에 그립니다. 네모난 틀 안에 밧줄로 큰 나무 그림을 그리고 '단풍잎' 모둠을 나무 안에 들어가게 합니다. '서리' 모둠은 네모 틀 밖에 서게 합니다.

3 '서리' 모둠에게 낙엽오자미(서리, 바람) 두 개를 줍니다.

4 '서리' 모둠은 낙엽오자미를 던져 단풍잎을 맞힙니다.

5 낙엽오자미에 맞은 단풍잎은 떨어져 원 밖으로 나와 낙엽이 됩니다.

6 낙엽오자미를 잡으면 낙엽이 되지 않습니다(서리에 맞았을 때 살 수 있는 한 번의 기회가 더 주어집니다).

7 단풍잎이 모두 떨어질 때까지 놀이한 후 역할을 바꾸어서 진행합니다.

묻고 답하기

- 서리는 어떻게 생겼을까요?
- 서리는 어떻게 만들어질까요?
- 서리가 내리면 잎이나 열매는 어떻게 변할까요?

상강 절기놀이
단풍잎 해바라기

해가 점점 짧아져 하늘 기온과 땅 기온 차이가 많이 나서 서리가 내리는 상강 절기에는 단풍이 절정을 이룹니다. 나뭇잎의 초록색이 사라지고 그 나뭇잎이 가지고 있는 본래의 색이 드러나 아름다운 단풍색으로 변합니다. 이 놀이를 하면서 상강 절기에 아름다운 모습을 뽐내는 단풍잎의 의미와 나무의 지혜로운 삶의 모습을 배워 봅시다.

준비물 해바라기 그림판(참가자 수만큼), 생태보자기, 딱풀, 네임펜, 줄, 집게
장소 공원이나 숲
대상 6세 이상

놀이 방법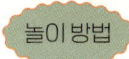

1 참가자들에게 숲이나 공원에서 다양한 색의 단풍잎을 찾아오게 합니다.

2 단풍잎을 생태보자기에 모아 놓고 색깔별로 분류해 본 다음, 얼마나 다양한 색깔이 있는지 살펴봅니다.

3 참가자들에게 해바라기 그림판과 풀을 하나씩 나누어 줍니다.

4 진행자는 '나무'가 되어 생태보자기 옆에 서고, 참가자들은 '서리'가 되어 마주 보고 섭니다.

5 '서리'들은 '나무'와 가위바위보를 합니다.

6 '나무'를 이긴 '서리'는 보자기의 단풍잎을 가져가 봄부터 나뭇잎을 키우고 열매를 키우고 익혔던 해님 닮은 해바라기를 예쁜 단풍잎으로 꾸며 봅니다. 꾸민 후에 작품에 이름을 붙여 보게 합니다.

7 완성된 단풍잎 해바라기는 집게로 줄에 걸어서 함께 감상합니다.

묻고 답하기

- 원래 잎 속에는 무슨 색이 들어 있을까요?
- 단풍은 왜 들까요?
- 단풍이 한 가지 색만 있다면 어떻게 보일까요?
- 내가 좋아하는 색깔은 무슨 색인가요?

함께 나누면 좋은
절기 이야기

재미있는 절기 속담

상강에는 추수 때문에 눈코 뜰 새 없기 때문에 "상강에는 부지깽이도 덤빈다"라는 속담이 생겼습니다. 부지깽이 같은 일손이라도 절실히 필요한 때라는 의미지요. "상강 90일 두고 모 심어도 잡곡보다 낫다"는 속담은 남부지방 이야기입니다. 남부지방에서는 벼 내기가 늦어도 잡곡보다는 논농사가 좋다는 의미로 쓰는 속담이라고 합니다.

기운을 북돋워 주는 절기음식

가을 단풍이 절정인 상강에는 산에 올라 예쁘게 물든 단풍과 가을꽃을 감상하며 단풍놀이를 즐깁니다. 추수를 마무리하고 겨울을 대비하는 이때에는 보양식인 추어탕을 해 먹었습니다. 살이 통통하게 오른 미꾸라지를 소금과 호박잎으로 해감시켜 폭 끓이고 무청 시래기나 토란대를 넣어 한 번 더 바글바글 끓여 주면 영양 가득한 추어탕이 완성됩니다. 추어탕은 주요 재료인 미꾸라지를 도랑에서 잡기 때문에 도랑탕이라 불리기도 합니다. 추어탕은 《본초강목》에 양기를 돋우는데 좋은 음식으로, 기력 증진에 도움이 된다고 적혀 있어요. 이밖에도 무밥, 야콘 깍두기, 민들레잎, 달래, 월동초, 갓, 상추, 시금치, 토란국, 토란대 나물 등이 상강 때 먹는 음식입니다. 상강 때 먹을 수 있는 열매로는 은행, 홍시, 곶감, 배, 사과, 밤 등이 있고, 음료로는 생강을 넣은 빨간 대추차가 좋습니다.

겨울
절기놀이

입동

11월 7일경

드는겨울 – 겨울을 어떻게 맞이할까요?

'겨울冬에 들어선다立'는 의미가 담긴 입동은 이름만큼 춥지는 않지만, 양기는 사라지고 음기가 강한 절기입니다. 이때부터 동물들은 굴이나 몸을 피할 수 있는 곳에서 겨울잠에 들고, 나무들도 남은 잎사귀를 남김없이 떨어뜨리며, 풀들은 땅 위 몸체를 마르게 하여 겨울을 나게 되지요. 땅도 얼어붙은 입동 뒤에는 모든 생명이 휴면에 들어갑니다. 겨울은 닫힌 문을 상징하는 음의 계절이라고 할 수 있습니다.

입동은 특별히 절일節日로 여기지는 않지만 우리의 겨울 생활과 상당히 밀접합니다. 김장은 입동 전이나 직후에 해야 제맛이 난다고 합니다. 입동이 지나면 싱싱한 김장 채소를 구하기 어렵고 일하기가 어려워지기 때문입니다. 이때 시장에는 무와 배추가 가득 쌓이고, 옛날에는 냇가에서 무와 배추를 씻는 풍경이 장관을 이루기도 했습니다. 요즘에는 기후변화 탓에 12월에야 김장을 하며 입동 즈음에는 별로 하지 않습니다.

입동 초후 5일에는 물이 비로소 얼고, 중후 5일에는 땅이 처음으로 얼어붙으며, 말후 5일에는 꿩이 드물어지고 큰 물에서는 조개가 잡힌다고 했습니다. 입동 때가 되면 기온이 더욱 내려가 물과 땅이 얼기 시작하고, 꿩 같은 새도 추워서 활동을 줄이고 덤불 속으로 들어가 잘 보이지 않지만, 조개는 크게 자라 잘 잡힌다고 합니다. 입동에는 찬 가을비가 내리면서 낙엽이 지기 시작하며, 기러기 같은 겨울 철새들이 계속 날아듭니다. 그리고 입동 말후부터 기온이 급격히 떨어지지요.

입동 절기살이

서리 내려 울긋불긋 오색 잎들이
하나둘 떨어지는 입동 절기에
벌레는 이미 땅속 구멍 찾아들고
새들도 바삐 씨앗 찾아다니며
긴 겨울나기를 준비하고 있습니다.

삶의 매 순간마다
소중하지 않은 때가 없지만
1년의 삶을 결정짓는 겨울은
그 어떤 계절보다 중요합니다.
그 겨울을 결정짓는 입동 절기는
절기 중 가장 의미 있는 때입니다.

입동 절기가 시작되면 나무들은
다가올 겨울을 준비하기 위해
무성했던 잎을 모두 떨구어 냅니다.
왜 나무는 잎을 모두 내던지고
알몸으로 한겨울을 나려고 할까요?

입동 절기에 나무가 내려놓은
낙엽에는 어떤 이야기가 쓰여 있습니다.
나무는 나에게 나를 가리고 있는
허울 같은 껍데기를 모두 내려놓고
진실된 나의 모습을 제대로 보라 합니다.

우리는 착각하며 살고 있지 않나요?
내가 가진 돈, 지식, 자리가
마치 나 자신인 것처럼 말입니다.
사람들이 왜 나를 찾아올까요?
진정 나 자신의 인간 됨됨이 때문일까요?
아니면 내가 가진 것 때문일까요?

이제 나도 나무처럼 낙엽을 떨구고
감추어진 내 진실을 들여다보아야 합니다.
골방에서 내면의 소리를 들으며
지금까지 어떻게 살아왔는지
앞으로 어떻게 살아갈 것인지
깊이 헤아리는 입동이어야 합니다.

2019. 11. 8

입동 절기놀이 1

낙엽이불 속으로 쏙

입동은 서리를 통해 겨울이 온다는 사실을 미리 알려 주고 겨울을 준비하게 만드는 절기입니다. 이때부터 동물들은 굴이나 낙엽 밑에서 겨울잠에 들기 시작하고, 나무는 잎을 떨어뜨려 겨울을 준비합니다. 풀들은 땅 위 몸체를 마르게 해서 겨울을 준비하고, 사람은 김장을 해서 겨울을 준비합니다. 입동 때 곤충들은 낙엽 속이나 나무껍질이나 땅속으로 들어가 겨울 준비를 하지요. 낙엽 속 곤충이 되어 곤충들이 어떻게 겨울을 보내는지 몸으로 표현해 보고, 곤충들의 겨울 준비를 알아보면서 나의 겨울 준비도 생각해 봅시다.

준비물 작은 종, 서리 역할을 할 참가자가 쓸 모자, 낙엽 그림이 그려진 보자기, 낙엽 속에서 겨울을 나는 곤충 사진(나비, 개미, 매미, 사슴벌레, 노린재, 무당벌레 등)

장소 공원이나 숲

대상 6세 이상

놀이 방법

1 낙엽 그림이 그려진 보자기를 나뭇가지에 묶어 그늘막처럼 설치해 둡니다.

2 사진 속 곤충들이 봄부터 여름, 가을까지 어떻게 지내는지 몸으로 표현해 보게 합니다.

3 참가자 중 한 사람을 뽑아 '서리'라 하고 모자를 씌워 줍니다.

4 나머지 참가자들은 겨울을 낙엽 속에서 잠자는 '곤충'들이라고 정합니다.

5 하늘알람종 역할을 할 작은 종을 나무에 매답니다.

6 하늘알람종과 3미터 떨어진 바닥에 입동 절기선을 그리고 '서리'가 섭니다.

7 '서리'가 달려가 하늘알람종을 치며, "입동이야"라고 말한 후 돌아다니며 '곤충'들을 잡으러 다닙니다.

8 '곤충'들은 서리를 피해 나뭇잎 보자기 속으로 들어가서 숨을 수 있습니다(5초만).

9 '곤충'들은 5초 전에 다시 나와서 '서리'를 피해 도망 다닙니다.

10 '서리'에게 잡힌 '곤충'은 '서리'가 되어 놀이를 계속 진행합니다.

묻고 답하기

- 나무는 어떻게 겨울을 준비할까요?
- 곤충들은 어떻게 겨울을 준비할까요?
- 우리는 어떻게 겨울을 준비해야 할까요?

입동 절기놀이 2
따뜻한 겨울을 준비해요

추운 겨울로 들어가는 입동 때에는 치계미稚鷄米라는 풍습이 있습니다. 추위에 약한 노인들도 함께 겨울을 잘 버티자는 의미로 경로잔치를 베풀고 선물을 드리는 것입니다. 찬 바람이 불고 모든 것이 얼어붙은 추운 겨울에 노약자나 소외된 이웃에게 관심을 갖고 신경을 써 주는 따뜻한 마음을 배우고, 가진 것을 나누는 아름다운 겨울을 준비해 봅시다.

준비물 큰 메모지(한 장)와 작은 메모지(참가자 수 만큼)
장소 실내·실외 모두 가능
대상 모든 대상

놀이 방법

1 참가자들과 함께 겨울에 필요한 물품들이 무엇인지 이야기한 후 큰 메모지에 그 목록을 기록합니다.

2 큰 메모지에 있는 물품 목록을 작은 메모지에 한 가지씩 나누어 적습니다(예: 인원이 20명이면 큰 메모지에 장갑, 모자, 목도리 등 20개의 물품을 적고, 작은 메모지 한 장에 장갑, 모자 등을 각각 적어 20장을 만듭니다. 큰 메모지와 작은 메모지에 기록할 품목을 진행자가 미리 적어 준비해도 됩니다).

3 진행자는 물품이 기록된 작은 메모지 20장과 '꽝' 메모지 20장을 보물찾기하듯 참가자 주변에 숨겨 놓습니다.

4 참가자 중 한 사람을 정하여 '닭'(못 가진 사람)이라 하고, 다른 참가자들은 '꿩'(가진 사람)이라 합니다.

5 '닭'은 큰 메모지를 들고 섭니다.

6 '닭'이 큰 메모지에 기록되어 있는 것 중 한 가지를 택하여 "나는 ○○이 필요해"라고 외칩니다.

7 '닭'이 필요한 것을 외치면 '꿩'들이 숨겨져 있는 메모지

중 '닭'이 필요한 것을 찾아다 줍니다. 이때 '꿩'들은 숨겨져 있는 메모지 중 '닭'에게 필요하지 않은 것이 메모 되어 있는 메모지는 보기만 하고 제자리에 그대로 둡니다.

8 참가자 모두가 돌아가며 '닭'이 되어 찾기 놀이를 한 후에, 서로 "따뜻한 겨울 맞이하세요"라고 말하며 안아 줍니다 (글을 모르는 대상에게는 그림으로 그려서 메모지를 준비하면 됩니다. 작은 메모지를 카드처럼 만들어서 글씨나 그림이 보이지 않게 바닥에 뒤집어 놓고, '닭'이 필요한 것을 '꿩'들이 뒤집어서 찾아다 주어도 됩니다).

묻고 답하기

- 입동은 어떤 절기인가요?
- 날이 추워지면 어떤 사람들이 살기가 어려울까요?
- 내 주변에서 도움이 필요한 사람이 있을까요?
- 나는 누구에게 어떤 도움을 줄 수 있을까요?
- 겨울을 잘 지낼 수 있는 따뜻한 마음이란 무엇일까요?

함께 나누면 좋은 절기 이야기

재미있는 절기 속담

요즘에는 보리를 많이 심지 않지만 예전에는 추수하고 곧 보리를 심었습니다. 입동 때는 보리가 싹을 내기 때문에 입동 속담에는 보리농사와 관련된 이야기가 많습니다. "입동 전 가위 보리다"라는 속담은 입동 때 보리 잎이 가위처럼 두 개면 풍년이라는 뜻입니다. "보리는 입동 전에 묻어 주어라", "입동 전 보리 씨에 흙먼지라도 날려 주어라"라는 속담은 추워지면 땅이 얼어 보리 씨앗이 나오지 않으니 입동 전에 심어야 한다는 의미입니다.

기운을 북돋워 주는 절기음식

입동에는 입추에 뿌린 무와 배추를 거두어들이고 김장을 해서 겨울 양식을 준비합니다. 이 시기에 김장을 해야 맛이 좋고, 시기를 놓치면 싱싱한 채소를 구하기 힘들기 때문이라고 합니다. 이 시절에는 붉은 팥시루떡을 해서 함께 농사를 지은 이웃들, 외양간의 소와 함께 음식을 나누어 먹었다고 합니다. 또 추운 겨울이 오기 전 기력이 떨어질 수 있는 어르신들을 마을 한곳에 모시고 치계미로 경로잔치를 벌여 대접했습니다. 이름도 낯선 치계미는 꿩, 닭, 쌀을 재료로 만든 음식을 말해요. 치계미란 본래 사또 밥상에 올릴 반찬값으로 받는 뇌물이라는 뜻이 있다고 합니다. 옛사람들의 어른을 공경하는 마음을 본받아 우리도 이웃들과 함께하며 추운 겨울을 조금 더 따뜻하게 보내면 좋을 것 같아요. 쌈 채소로는 배춧잎, 시금치 등이 있고, 이때는 무로 시래기 된장국, 무나물, 무국 등 다양한 제철음식을 만들어 먹을 수 있습니다. 입동 절기에 마실 수 있는 차로는 생강차와 모과차가 있습니다.

소설

11월 22일경

물얼음 – 겨울은 어떤 계절인가요?

소설은 차츰 겨울다워지면서 첫눈이 내리고 얼음이 얼어붙기 시작하는 시기입니다. 소설 중후 즈음 얼음처럼 강한 서리가 내려 풀들은 대부분 얼어 죽지만 별꽃이나 냉이 같은 풀은 살아 있지요.

　소설 무렵인 음력 10월 20일 쯤에는 보통 심한 바람이 불고 날씨가 차가운데, 이때 부는 바람을 '손돌바람'이라 불렀습니다. 이 손돌바람에 관한 전설이 있습니다. 고려 때 전란이 일어나 왕이 강화도로 파천하게 되었는데, 배가 통진通津과 강화 사이(후에 손돌목이라 했던)에 이르렀을 때 풍랑이 일어 위험해지자 뱃사공 손돌이 왕에게 일단 안전한 곳에서 쉬었다 가시라고 권했습니다. 하지만 왕은 파천하는 처지라 모든 것이 의심스러웠기 때문에 그런 말을 고하는 그를 반역죄로 몰아 참살했습니다. 그러자 광풍이 불어 뱃길이 매우 위태로워졌지요. 할 수 없이 싣고 가던 왕의 말 목을 베어 죽은 손돌의 넋을 기렸는데, 그제야 바다가 잔잔해져 무사히 강화에 도착했다고 합니다. 어떤 이는 '손돌목'은 사람 이름이 아니라 수로가 협소하다는 의미인 '솔돌목'에서 나온 말이라고도 설명합니다.

　이처럼 소설 무렵에는 얼음이 잡히고 땅이 얼기 시작해 점차 겨울 기분이 들고 제법 춥지만, 그래도 낮에는 따뜻한 햇볕이 간간이 내리쬐고 아늑하기도 해서 소춘小春이라고도 부릅니다.

　소설 초후 5일에는 무지개가 자취를 감추고, 중후 5일에는 천기가 올라가고 지기가 내리며, 말후 5일에는 폐색되어 완연한 겨울이 된다고 했습니다. 초후 무렵 무지개가 보이지 않는다고 한 것은 겨울철 하늘은 습기가 없고 건조하기 때문입니다. 따뜻한 기운인 천기는 사라지고 찬기운인 음기가 땅에 내려와 추워지기 때문에 폐색閉塞, 즉, 천지가 닫히고 막혀 완연한 가을이 된다는 의미입니다. 소설 무렵이 되면 첫눈이 내리고, 얼음이 얼면서 풀들이 죽고 무당거미 같은 곤충들도 서서히 사라집니다. 천둥 번개가 치고 갑자기 돌풍이 불기도 합니다. 나무들은 거의 잎을 떨어뜨리고 맨몸으로 겨울을 나지요. 한파주의보가 내려지기도 하고, 1일 평균 기온이 5도 이하로, 아침에는 0도 이하로 내려갑니다.

소설 절기살이

늦가을 이상기후로 입동 절기에
천둥번개, 비, 돌풍이 많았습니다.
덥다가 갑자기 추워지고 혼란스럽게
예측할 수 없는 날씨가 이어집니다.

얼음 얼고 첫눈 내린다는 소설 절기
입동과 소설은 겨울을 준비하는 때입니다.
얼음과 눈은 곧 겨울임을 알려 주고

찬바람은 겨울 준비를 재촉합니다.
숲속 나무들은 잎을 모두 떨구고
다람쥐는 마지막 도토리를 모으고
새들도 바삐 겨울 안식처를 찾을 때
그 많던 무당거미들이 보이지를 않네요.

소설 절기는 거울을 만드는 때
녹슬고 찌그러진 내 거울을 잘 닦아
올겨울 자신을 잘 들여다볼 수 있는
맑고 밝은 거울을 잘 만들고 있나요?

나의 봄에 나다움을 찾았는지
나의 여름에 나다움을 키웠는지
나의 가을에 나다움을 익혔는지
지금 누군가의 삶에 힘이 되고 있는지
되새겨야 할 소설 절기입니다.

2019. 11. 23

소설 절기놀이 ①
추워도 괜찮아

소설 즈음 곤충들은 낙엽이나 땅속에 들어가고, 여름 철새들은 따뜻한 나라로 돌아갑니다. 그리고 겨울 철새들은 우리나라에 찾아와 겨울을 나지요. 다양한 텃새와 포유류들은 그들만의 방식으로 추운 겨울을 견뎌 냅니다. 이 놀이를 하며 소설 절기에 다양한 생물들은 어떻게 살아가는지 알아보고, 나는 어떻게 겨울을 준비할지 생각해 봅시다.

준비물 주머니, 흰 천(겨울 추위), 둥근 나뭇조각(개구리, 삵, 오소리, 너구리, 곰, 청서, 다람쥐, 멧토끼, 고라니, 나비, 도롱뇽, 참새, 무당벌레, 무당거미, 족제비, 그리고 겨울 추위)

장소 실내·실외 모두 가능

대상 7세 이상

놀이 방법

1 진행자는 여러 포유류가 그려져 있는 나뭇조각을 한 개 한 개 설명하며 동물들의 겨울나기 방법을 설명해 줍니다.

2 설명을 마치면 나뭇조각을 주머니에 넣고, 참가자가 그림이 그려져 있는 나뭇조각을 주머니에서 한 개씩 꺼내게 합니다.

3 꺼낸 나뭇조각 중 '겨울 추위' 나뭇조각을 가진 사람이 술래가 됩니다. 술래는 흰 천을 들고 다닙니다.

4 진행자가 "소설"이라고 외치면 술래인 '겨울 추위'가 동물 나뭇조각을 들고 있는 참가자를 잡으러 다닙니다.

5 피해 다니던 동물이 술래에게 잡히지 않으려면 그 동물이 겨울에 추위를 피하는 방법의 행동을 하면 됩니다(예: 다람쥐는 겨울잠을 자는 듯 웅크리고 앉습니다).

6 술래(겨울 추위)에게 잡힌 동물은 동물 그림카드와 술래의 추위 천을 바꾸어 가지고, 술래(겨울 추위)가 되어 동물들을 잡으러 다닙니다.

7 위의 놀이를 반복하고 어느 정도 시간이 흐를 동안 진행합니다('겨울 추위' 한 명이 동물들을 잡으러 다니기 너무 힘들어 하면 '겨울 추위'의 숫자를 조절해도 됩니다).

묻고 답하기

- 소설은 어떤 절기인가요?
- 새와 곤충, 포유류는 겨울나기를 어떻게 할까요?
- 겨울 준비를 제때에 하지 않으면 어떻게 될까요?
- 사람들의 겨울나기 준비는 무엇일까요?
- 나는 겨울나기 준비를 잘 하고 있나요?

소설 절기놀이 ②
동물들의 겨울나기

자연은 서리를 통해 겨울이 온다는 것을 미리 알려 주고, 나무들은 잎을 다 떨어뜨리며 겨울 준비를 하고, 사람은 김장을 하고 두꺼운 털옷을 꺼내며 겨울을 준비합니다. 다람쥐는 도토리를 모아 숨기며 겨울을 준비하지요. 다른 동물들이 어떻게 겨울 준비하는지 알아보고, 동물들이 겨울을 준비하는 소설 절기에 겨울의 의미를 알아보고 겨울 준비를 위해 우리는 무엇을 해야 하는지 생각해 봅시다.

준비물 책 《장갑》
장소 실외
대상 6세 이상

소설 절기놀이 ③
다람쥐의 겨울 준비

소설에는 더욱 날씨가 추워져 얼음이 얼고 눈이 내리기 시작합니다. 얼음과 눈은 겨울이 시작된다는 하늘의 신호로, 빨리 겨울 준비를 마치라는 하늘의 경고와 같습니다. 이제 사람이나 자연의 생명들은 더 추워지기 전에 겨울 준비를 마쳐야 합니다. 숲속 다람쥐는 도토리를 열심히 주워 와 숨겨 놓으며 겨울 준비를 합니다. 다람쥐는 한겨울에 숨겨 둔 도토리를 찾아다니며 겨울을 나는데, 다람쥐가 미처 찾지 못한 도토리가 꼭 생깁니다. 이런 도토리에서 싹이 나서 참나무 숲이 되는 것입니다. '다람쥐의 겨울 준비' 놀이를 하면서 동물들의 겨울나기가 얼마나 어려운지, 다람쥐와 도토리는 어떤 관계를 맺고 있는지 생각해 봅시다.

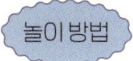

놀이 방법

1 먼저 주변에서 겨울잠을 자는 동물들을 찾아 관찰해 봅니다(예: 사마귀알집, 매미나방알집, 나비애벌레 등).
2 어떤 동물들이 겨울잠을 자는지 이야기해 봅니다.
3 《장갑》 책을 읽고 이야기를 나누어 봅니다.
4 참가자들이 동물들이 되어 연극을 해 봅니다.

묻고 답하기

- 겨울잠을 자는 동물은 누가 있을까요?
- 동물들은 어떻게 겨울을 날까요?
- 우리는 겨울 준비를 어떻게 하고 있나요?

준비물 열매 바구니(도토리, 알밤, 잣, 땅콩 적당히), 담요
장소 공원이나 숲
대상 6세 이상

놀이방법

1 먼저 '숲속의 도토리' 노래를 배워서 함께 불러 봅니다.
"숲속의 도토리 모자를 썼대요.
바람이 불고 비가 내려와 모자가 벗겨졌어요(훌러덩).
대머리 도토리(훌러덩), 대머리 도토리(훌러덩)
데굴데굴 굴러, 데굴데굴 굴러, 다람쥐 입속으로 쏙!"

2 진행자는 열매를 숨길 장소의 범위를 알려 줍니다.

3 진행자는 '다람쥐'가 된 참가자들에게 도토리를 한 개씩 나누어 줍니다.

4 진행자는 어머니 자연이 되어 열매 바구니를 들고 있습니다. 어머니 자연이 "한로입니다"라고 말하면, 다람쥐는 도토리 한 개를 숨깁니다. 진행자는 참가자가 도토리를 숨기고 돌아오면 다른 열매 두 개를 줍니다.

5 진행자가 "상강입니다"라고 말하면 '다람쥐'는 받은 열매 두 개를 숨깁니다. 진행자는 '다람쥐'가 열매를 숨기고 돌아오면 열매 세 개를 줍니다.

6 진행자가 "입동입니다"라고 말하면 '다람쥐'는 받은 열매 세 개를 숨깁니다.

7 모두 숨기고 난 후 진행자가 "얼음이 어는 소설입니다"라고 말하면 참가자들은 다람쥐처럼 겨울잠을 자야 합니다.

8 참가자들이 겨울잠을 자는 흉내를 내면 진행자는 생태 보자기를 덮어 주며, "하룻밤, 이틀 밤, 열흘 밤"까지 셉니다.

9 진행자가 열까지 센 후 "아~ 배고파" 하면, 겨울잠을 자던 '다람쥐'들은 일어나 자기가 숨긴 열매(먹이)를 찾아옵니다.

10 어느 정도 시간을 준 후 다람쥐가 못 찾은 열매 이야기를 나눕니다.

묻고 답하기

- 숨겨 놓은 열매 찾기, 어땠나요?
- 다람쥐가 찾지 못한 먹이(씨앗)는 어떻게 될까요?
- 다람쥐 말고 도토리를 숨기는 동물들은 또 누가 있을까요?

함께 나누면 좋은 절기 이야기

재미있는 절기 속담

"소설 추위는 빚내서라도 한다"라는 속담이 있습니다. 농경사회에서는 소설 때 추워야 벼농사 등에 해가 되는 벌레들이 죽기 때문에 소설 추위가 꼭 필요하다는 의미입니다. 겨울 추위는 생명력을 강하고 단단하게 만들어 주기 때문에 춥지 않으면 안 됩니다. 그리고 강한 생명력을 지닌 생명만이 살아남아 강한 유전자를 남길 수 있지요. 겨울에 춥지 않으면 봄을 향한 간절한 마음이 없어 봄이 되어도 강한 생명력을 발휘할 수가 없습니다. 그래서 겨울은 추워야 하고 춥게 지내야 합니다. "초순 홑바지가 하순 솜바지가 된다"라는 속담은 날씨가 점점 추워져 나중에는 솜바지를 입지 않으면 지내기 어렵다는 이야기입니다.

기운을 북돋워 주는 절기음식

첫눈이 온다는 소설에는 처마마다 무청을 매달아 말리고, 감을 깎아 곶감을 만들어요. 늙은 호박도 말려서 고지를 만들어 두고, 무도 말려서 무말랭이로 준비해서 겨울 동안 먹을 식량을 준비합니다. 옛날에는 이 즈음에 메주콩을 삶았는데, 그럴 때면 온 마을이 구수한 냄새로 가득했어요. 삶은 콩을 너무 많이 먹는 날은 밤새 화장실을 들락거리는 사람이 많았다고 하네요. 삶은 메주콩은 잘 빻아서 네모난 메주를 만들고 마르면 볏짚으로 묶어 숙성을 시켜야 합니다. 이렇게 많은 정성과 시간을 공들여 만든 된장과 간장이니 우리 몸에 얼마나 좋을까요. 배추나 무의 잎을 말려 만든 시래기에 된장을 풀어 끓인 구수한 된장국과 무말랭이, 호박나물로 차린 건강한 밥상은 겨울철 부족한 영양을 가득 담고 있습니다. 소설에 먹는 열매로는 홍시, 반건시, 은행, 배, 사과, 밤 등이 있으며, 차로는 향긋한 모과차가 있습니다. 그리고 이때 청국장을 띄우기도 합니다.

대설

12월 7일경

눈내림 - 나무는 겨울을 어떻게 날까요?

대설은 눈이 많이 내린다는 뜻입니다. 과거에는 다른 절기에 비해 대설에 비교적 많은 눈이 내렸지만 최근에는 기후변화 탓에 깊은 산간지역 말고는 점점 눈 오는 날도 줄고 눈 쌓인 모습도 보기가 쉽지 않습니다. 특히 2018년 12월 이후 지금까지 1월 적설량이 예년에 비해 크게 줄어 앞으로는 눈 없는 겨울이 될지도 모르겠다는 생각이 듭니다. 24절기 가운데 기후변화로 절기 현상이 가장 심하게 변하고 있는 때가 대설이 아닐까 싶습니다. 큰 눈도 잘 내리지 않고, 삼한사온 현상도 이제는 거의 찾아볼 수 없기 때문입니다. 옛날에는 강한 추위가 있어야 농사에 해가 되는 벌레들이 얼어 죽는다고 했지만 사실은 삼한사온의 변화로 겨울 절기에 적응하지 못하는 약한 동식물들이 추운 겨울에 많이 죽게 됩니다. 대설에 눈이 많이 오면 다음 해 풍년이 들고 푸근한 겨울을 난다는 믿음이 전해져 조선시대에는 대설이 지나도 눈이 내리지 않으면 '기설제祈雪祭'를 지내기도 했습니다. 실제로 눈이 보리와 밀을 덮어 주어야 냉해를 덜 입고 봄 가뭄에도 좋은 영향을 미칠 수 있습니다.

대설 초후 5일에는 할단새가 울지 않고, 중후 5일에는 범이 교미를 시작하며, 말후 5일에는 여지가 돋아난다고 했습니다. 전해 오는 절후 이야기 중에 가장 이해하기 어려운 절기가 바로 이 대설 절후입니다. 할단새는 히말라야 전설에 나오는 새로 아침이면 저녁 추위를 잊는다는 '망각의 새'라고 합니다. 여지도 어떤 식물인지 정확하게 찾을 수 없습니다. 대설에는 한파주의보가 자주 뜨고 다른 때보다 비교적 많은 눈이 내리지만, 최근 몇 년에는 눈이 거의 내리지 않고 있습니다. 12월 초에는 아침 기온이 0도 이하로 떨어집니다.

대설 절기살이

매서운 바람이 불어 겨울답습니다.
예로부터 대설에는 눈이 많이 내리기 때문에
눈에 대한 속담이 많습니다.
'겨울에 눈이 많이 오면 보리 풍년 든다'
눈은 보리의 따뜻한 이불이 되기 때문입니다.
그래서 '비 많이 오는 해는 흉년 들고,
눈 많이 오는 해는 풍년 든다', '손님은
갈수록 좋고, 눈은 올수록 좋다'고 했습니다.

하지만 요즘 대설에도 눈을 보기 어렵습니다.
아직 산간에는 눈이 많이 내리기도 하지만
도시에는 겨울눈이 거의 사라졌습니다.
모두 우리가 만든 기후변화 탓입니다.
이제 아이들이 눈싸움을 하고
눈덩이 굴려서 눈사람을 만드는 일은
옛이야기나 동화에서나 발견할 수 있지 않을까요?
앞으로 함박눈 내리는 대설을 볼 수 있을까요?

한겨울로 들어가는 대설 절기의
강한 추위에서 생명력이 더 강해지듯
나와 내 삶을 제대로 헤아려 보고
성찰과 다짐, 새출발을 하기 위한
골방과 화두는 잘 준비했나요?
봄에 열매 만들고, 여름에 열매 키우고,
가을에 열매 익히기 위한 그 힘은
바로 이 겨울에 만들어야 한다는 사실을 알고 있나요?

2019. 12. 7

대설 절기놀이 ①
겨울눈 속에 다 있어요

장소 실내·실외 모두 가능
대상 초등학생 이상

나무는 잎이 다 자란 5월경부터 겨울눈을 만들기 시작하여 열 달이 지난 이듬해 3월쯤에 새싹을 냅니다. 마치 우리가 엄마 뱃속에 열 달 동안 있다가 나오는 것과 같습니다. 대설 절기는 찬바람이 불고 눈이 내리는 한겨울입니다. 이때에 꽃과 잎을 품은 나무의 겨울눈은 추운 겨울에 잘 견디고 살아남을 수 있도록 털이나 가죽질 등 다양한 방법으로 눈을 보호합니다. 이 놀이는 다양한 모양의 나무 겨울눈을 관찰하고, 겨울눈 속에는 무엇이 들어 있는지 관찰해 보는 시간입니다. 겨울눈 놀이를 하면서 나무의 겨우살이를 알아보고 겨울을 잘 나기 위한 삶의 지혜를 배워 봅시다.

준비물 세 가지 나무판(잎·꽃·겨울옷) 세트(참가자 수만큼), 겨울눈 스티커, 겨울눈 머리띠

놀이 방법

1 모두에게 세 가지 나무판을 한 세트씩 나누어 줍니다.
2 흩어져 돌아다니다가 세 명이 모여 동시에 "겨울눈"이라고 외치면서 나무판을 아무거나 하나씩 동시에 내밉니다.
3 세 명이 내민 나무판이 잎, 꽃, 겨울옷이면 겨울눈이 완성됩니다.
4 진행자는 겨울눈을 완성한 세 명의 손등에 겨울눈 스티커를 붙여 줍니다.
5 세 가지 표지판이 동시에 나오지 않으면 "안녕" 인사하고 다른 사람을 찾아갑니다.
6 일정한 시간까지 진행한 후 가장 많은 스티커를 받은 사

람을 겨울눈왕으로 모시고 겨울눈 머리띠를 씌워 주고 박수를 쳐 줍니다.

묻고 답하기

- 겨울눈은 나무에게 왜 가장 소중할까요?
- 나무들은 추운 겨울에 겨울눈을 보호하기 어떻게 하나요?
- 늦은 봄부터 만들어지는 겨울눈은 왜 '겨울눈'이라 부를까요?
- 우리는 어떤 마음으로 추운 겨울을 준비해야 할까요?

대설 절기놀이 ❷
겨울눈왕

매서운 찬바람이 불고 눈이 자주 내리는 겨울에 나무는 쉬고 있는 것이 아니라 내년에 싹 틔울 꽃잎과 꽃 그리고 새순을 겨울눈 속에 품고 추위를 견디고 있습니다. 겨울눈은 추위에도 살아 남을 수 있도록 털이나 가죽질, 끈끈한 진액, 부동액 등을 만들어 다양한 방법으로 눈을 보호하지요. 다양한 모습의 겨울눈을 관찰하면서 겨울의 의미를 생각해 봅시다. 그리고 올해를 되돌아보고 반성하며 내년 준비를 잘 해 봅시다.

준비물 나뭇가지(많이), 겨울 눈 바구니(손가락에 끼울 수 있는 형태의 겨울눈 40개), 밧줄, 계절 그림카드(봄·여름·가을·겨울 골고루) 고무줄 두 개

장소 실외

대상　6세 이상

놀이방법

놀이 1

1 두 모둠별로 나뭇가지 20개를 모아 노란고무줄로 묶어 한 그루 나무를 만든 후에 주변 돌을 이용해 세워 줍니다.
2 모둠별 나무와 나무 사이를 4미터쯤 띄우고, 나무 사이에 밧줄로 동그라미를 그리고 그림카드를 펼쳐 놓습니다.
3 자기 모둠 나무 옆에 한 줄로 섭니다.
4 진행자의 신호에 따라 첫 참가자는 동그라미 안의 그림카드를 뒤집어 겨울 그림이 나오면 겨울눈 바구니에서 겨울눈 하나를 들고 와 자기 모둠 나뭇가지 끝에 겨울눈 모자를 씌우고 맨 뒤에 섭니다. 겨울이 아닌 다른 카드가 나오면 빈 손으로 들어가 맨 뒤에 섭니다.
5 겨울눈이 없어질 때까지 진행합니다.
6 어느 모둠 나뭇가지에 겨울눈이 많이 있는지 확인하고 겨울눈이 많이 있는 모둠이 겨울을 잘 이길 수 있다고 말해 줍니다.

놀이 2

1 손가락 모자 겨울눈을 1인당 다섯 개씩 나누어 줍니다.
2 모두 나무가 됩니다.
3 겨울눈을 손가락에 끼워 한쪽 손을 꾸밉니다.
4 참가자 두 명이 서로 만나 가위바위보를 해서 이긴 사람이 진 사람에게서 겨울눈을 하나 받은 다음, 다른 참가자를 만나 가위바위보를 합니다.
5 겨울눈을 다 잃은 사람은 그 자리에 앉습니다.
6 누가 먼저 열 손가락에 겨울눈을 다 끼었는지 놀이를 하며 살펴봅니다. 먼저 열 손가락에 겨울눈을 낀 사람이 겨울눈왕이 됩니다.

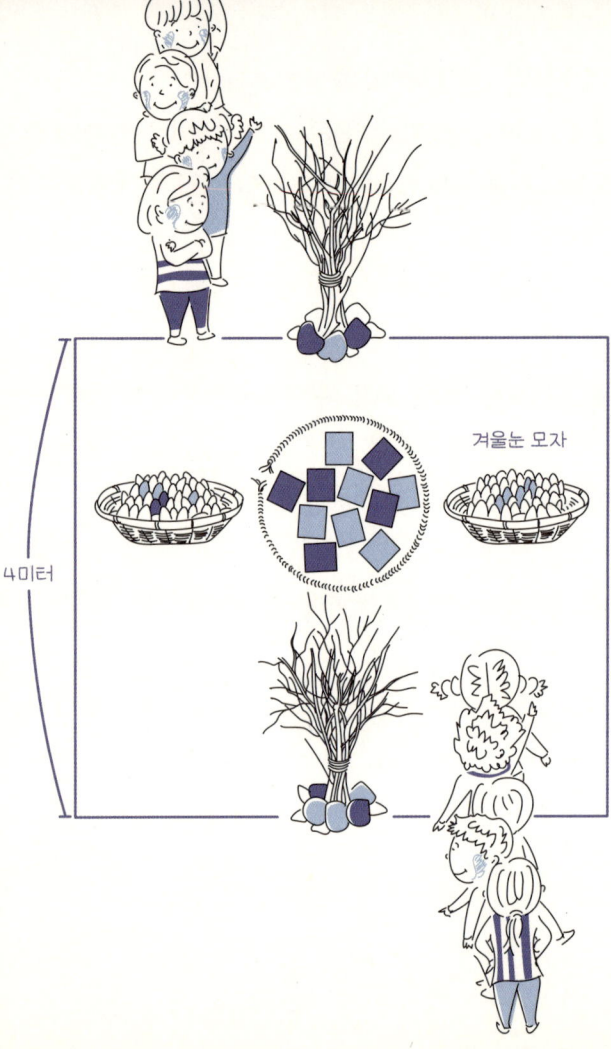

묻고 답하기

- 왜 '겨울눈'이라고 했을까요?
- 겨울눈은 언제 만들까요?
- 겨울눈 속에는 무엇이 있을까요?
- 나무는 겨울눈을 어떻게 보호할까요?
- 겨울눈이 얼어 죽으면 어떻게 될까요?
- 겨울눈은 어떤 역할을 할까요?

함께 나누면 좋은 절기 이야기

재미있는 절기 속담

대설에는 눈에 관한 속담이 많습니다. 눈과 보리와 연관된 속담으로는 "눈은 보리의 이불이다", "겨울에 눈이 많이 오면 보리 풍년이 든다", "비가 많이 오는 해는 흉년 들고, 눈 많이 오는 해는 풍년 든다" 등이 있습니다. 눈이 많이 내려야 보리가 얼어 죽지 않고 물기가 있어 메마른 겨울 동안 마르지 않고 잘 자라기 때문에 이런 속담이 생겼습니다. 그래서인지 "손님은 갈수록 좋고, 눈은 올수록 좋다"는 속담도 있습니다. "가루눈이 내리면 추워진다"라는 속담은 칼바람이 불 때 가루눈이 오고 조금 포근할 때 함박눈이 오기 때문에 나온 이야기입니다.

기운을 북돋워 주는 절기음식

대설에도 다양한 제철음식을 먹을 수 있습니다. 먼저 늙은 호박으로 죽, 시루떡, 샐러드, 수프, 잼 등을 만들 수 있습니다. 그리고 배추, 무, 도라지, 당근, 야콘, 고구마를 그냥 먹거나 요리를 해서 먹을 수 있지요. 또한 시금치, 광대나물, 점나도나물, 냉이로 무친 나물, 된장국이나 땅콩조림도 대설 음식입니다. 이때 먹을 수 있는 열매로는 은행, 밤, 곶감, 감말랭이 등이 있고, 무·생강·대추로 만든 꿀차도 이때 마시면 좋습니다.

동지

――――

12월 21일경

온겨울 – 한 해를 어떻게 마무리할까요?

동지는 태양이 남회귀선, 적도 이남 23.5도인 동지선에 도달한 때로 밤이 제일 긴 절기입니다. 반대로 남반부에서는 낮이 가장 길고 밤이 가장 짧습니다. 하지부터 차츰 낮이 짧아지고 밤이 길어지기 시작해 동짓날 극에 다다르고, 다음 날부터는 차츰 밤이 짧아지고 낮이 길어지기 시작하지요. 동지冬至는 겨울, 음기가 극에 달했다는 말로 해가 죽었다 살아나는 끝과 시작점입니다. 매 절기가 삶을 매듭짓는 때지만 동지는 한 해의 가장 큰 매듭이라고 할 수 있습니다.

옛사람들은 동지를 24절기 가운데 가장 큰 명절로 여겼습니다. 동지는 가장 밤이 긴, 해가 죽은 듯이 보이는 절기지만 실은 동지를 기점으로 죽었던 해가 다시 살아나기 시작하기 때문에 나이를 먹는 작은 설로 생각했습니다. 해를 기준으로 하면 진정한 한 해의 시작은 동지입니다. 그래서 하늘 봄은 동지부터 시작되고, 땅의 봄은 입춘부터 시작된다고 할 수 있습니다. 전통적으로 동지에는 팥죽을 끓여 먹고 집 주변에 뿌리는데 한 살을 먹고 귀신을 쫓아내는 세시풍속입니다.

동지 초후 5일에는 지렁이가 똘똘 말려 있고, 중후 5일에는 순록 뿔이 떨어지고, 말후 5일에는 샘물이 언다고 했습니다. 초후 무렵 지렁이가 말려 있는 이유는 잘 모르겠습니다. 순록 뿔이 떨어진다는 것은 추운 지방에 사는 순록이 뿔갈이를 한다는 말입니다. 말후에는 기온이 더욱 내려가 샘물까지 얼 정도로 춥습니다. 동지에는 까치들이 집을 짓고 있는 것을 볼 수 있습니다. 동지에는 포근한 날씨도 많고 기온 차가 심한 날씨를 경험할 수 있습니다.

동지 절기살이

뜨거운 한여름 하지 이후부터
서서히 되살아난 음의 기운이
추분을 거쳐 조금씩 힘을 키워
천지를 다스리다가 드디어 동짓날
온전한 자기 세상을 만들었습니다.
해님이 죽었다가 다시 살아난 날
동짓날 이후 하늘 새해는 시작됩니다.

절기는 한 해를 24개로 매듭짓는 일
때마다 그 의미를 알고 살아가면
나무가 나이테로 단단해지듯이
우리 삶도 넘어짐 없이 강해집니다.
동지 절기는 한 해 삶의 가장 큰 매듭으로,
1년 삶을 잘 마무리해야 합니다.
묵은 빚 모두 갚고 새출발을 해야 합니다.

새 술은 새 부대에 넣으라고 했습니다.
나는 올해 누구에게 빚을 졌나요?
누구의 마음에 큰 상처를 남겼나요?
누구에게 마음의 상처를 받았나요?
가능한 한 내 빚을 갚아야 합니다.
용서하고 용서받고 상처를 치유해야 합니다.
불안·불만·불편한 마음으로
새출발을 해서는 안됩니다.

어둠이 깊을수록 밝은 새날이 빛납니다.
살아 있는 나무는 언젠가 꽃을 피웁니다.
깊은 밤 동지에 허울 껍데기 내던지고
죽은 해 희망으로 밝게 되살아나듯이
간절함과 그리움과 설렘으로
새해 새날 맞이해야 할 동지입니다.

2019. 12. 22

동지 절기놀이 1

동지제, 동지야 놀자

동지는 해님이 가장 늦게 뜨고 빨리지는 한 해의 끝과 같습니다. 옛사람들은 해가 죽었다가 살아나는 날이라고 했지요. 동지는 1년을 마무리하는 절기 중 가장 큰 매듭을 짓는 때입니다. 우리 조상들은 동지 때 팥과 새알심을 넣고 끓인 팥죽을 먹고 나이 한 살을 더 먹었다고 했으며, 팥죽을 뿌리면서 잡귀를 물리치는 의식을 했습니다. 동지 절기에는 가족이나 함께 생활하는 동료들이 함께 모여 '동지제'를 하는데요. 동지제를 하면서 1년 동안 어떤 절기가 있었는지, 그 절기의 특징이 무엇인지, 그 절기에는 어떻게 보냈는지 생각해 보고, '입춘제' 때 봄에 뿌린 씨앗이 얼마나 결실을 많이 맺었는지 이야기해 봅시다. 이 놀이는 1년 절기살이를 잘 헤아려 보는 시간입니다.

준비물 24절기 이름카드(우리말 절기 이름을 함께 써 줍니다)나 24절기 그림카드(유아용), 사계절 손수건 넉 장 (봄-연두색, 여름-초록색, 가을-빨간색, 겨울-흰색), 촛불, 다과 약간

장소 조용한 실내

대상 유아 또는 7세 이상

놀이방법

1 24절기 이름카드(유아일 때는 24절기 그림카드)와 사계절 손수건을 바닥에 넓게 펼쳐 놓습니다.

2 참가자들이 서로 의논하여 절기 이름카드를 보면서 사계절에 해당되는 절기카드로 나눈 후에 봄(연두색), 여름(초록색), 가을(빨간색), 겨울(흰색) 손수건에 놓아 봅니다(모둠을 나누

어 어느 모둠이 먼저 계절별로 나누어 놓는지 겨루어 볼 수도 있습니다).

3 절기 이름카드를 사계절로 다 분류해 보고 1년의 절기를 간단히 이야기해 봅니다.

4 진행자는 참가자를 둥글게 둘러앉게 한 후 입춘제 때 담아 놓은 봄씨앗통을 꺼내 자기 쪽지를 찾아 돌려줍니다(입춘제를 하지 않았을 경우 올해 가장 하고 싶었던 일이 얼마나 이루어졌는지 생각해 보게 합니다).

5 원 가운데 촛불을 켜 놓고 차례로 돌아가면서 봄씨앗통에 넣어 둔 쪽지를 읽습니다. 그리고 그것이 얼마나 이루어졌는지 이야기해 봅니다. 그리고 올해 나에게 가장 많은 도움을 준 사람이 누구인지, 내가 가장 도움을 준 사람이 누구인지 이야기하게 합니다.

6 참가자들이 이야기를 다 마치면 모두 자리에서 일어나 가운데를 향하여 서로 서로에게 절을 한 다음 돌아가며 포옹을 합니다(포옹하기 싫어한다면 악수를 합니다).

7 올해 열심히 함께 살아 온 서로에게 감사와 격려의 마음으로 박수를 치며 마칩니다.

묻고 답하기

- 24절기를 알고 한 해를 살아 보니 어땠나요?
- 절기살이가 나에게 어떤 변화를 가져왔나요?
- 올해 가장 기억에 남는 일은 무엇인가요?
- 가장 아쉬운 일은 무엇인가요?
- 내년에는 어떻게 살고 싶은가요?(다과를 먹으며 진행해 보세요. 연말이니 만큼 동지제와 함께 솜씨 자랑을 하면서 즐거운 송년회를 겸해도 좋습니다)

동지 절기놀이 2
동지 팥죽 쑤어 보자

동지는 1년 중 해의 길이가 가장 짧은 시기로, 밤의 길이가 가장 긴 날입니다. 옛사람들은 동지를 24절기 중 가장 큰 명절로 즐겼지요. 동지는 가장 긴 밤, 즉 해가 가장 죽은 듯이 보이는 절기지만 실은 동지를 기점으로 죽었던 해가 다시 살아나기 시작하는 시점이기 때문입니다. 예로부터 동짓날 팥죽을 쑤어 먹는 풍습이 있었는데 동지 팥죽 쑤는 놀이를 하면서 동지의 의미와 동지 때 삶을 생각해 봅시다.

준비물 밧줄
장소 실내·실외 모두 가능
대상 초등학생 이상

놀이방법

1 참가자들을 두 모둠으로 나눕니다.

2 밧줄로 바닥에 참가자들이 모두 들어가 서 있을 수 있는 넓이의 원을 만듭니다.

3 두 모둠 중 한 모둠은 밧줄 원 안에 '팥' 모둠이 되고, 한 모둠은 밧줄 원 밖에 '죽' 모둠이 되어 섭니다.

4 원 안에 한 사람이 "팥"이라고 외치며 펄쩍 뛰어 원 밖으로 나가면, 원 밖의 한 사람이 "죽"을 외치며 원 안으로 들어갑니다.

5 다시 원 안의 사람이 "팥"이라고 외치며 펄쩍 뛰어 원 밖으로 나가면, 원 밖의 한 사람이 "죽"을 외치며 원 안으로 들어갑니다(모둠원 중 아무나 "팥"이라고 외치며 원 밖으로 나갈 수 있습니다. "죽"도 마찬가지입니다).

6 원 안의 '팥'을 두 명, 세 명, 네 명, 다섯 명으로 바꾸어 진행하면 원 밖의 '죽'도 같은 방법으로 진행합니다.

묻고 답하기

- 동지는 어떤 절기인가요?
- 옛사람들은 동지 팥죽을 먹으면 어떻게 된다고 했나요?
- 동지 팥죽은 어떤 의미가 있을까요?
- 내 몸이 건강해지려면 어떻게 해야 할까요?

함께 나누면 좋은 절기 이야기

재미있는 절기 속담

"동지 때 개딸기"라는 동지 속담이 있습니다. 추운 동지에 딸기를 찾지만 있을 리 만무하다는 뜻으로 도저히 얻을 수 없는 것을 말할 때 씁니다. "정성이 지극하면 동지섣달에도 꽃이 핀다"는 이와 다른 의미의 속담입니다. 얻을 수 없는 것도 정성이 하늘에 닿으면 얻게 되니 정성을 다해 살라는 뜻입니다. "단오 선물은 부채요, 동지 선물은 책력이라"는 속담도 있습니다. 여름에는 더우니 부채를 선물하는 것이 좋고 동짓날에는 한 해가 시작되니 책력, 즉 달력 선물이 좋다는 의미입니다.

기운을 북돋워 주는 절기음식

동지는 작은 설날이라 불리기도 했습니다. 그래서 설날 떡국을 먹으면 한 살 더 먹는 것처럼 동지 팥죽을 먹으면 한 살을 더 먹는다고 해요. 옛사람들은 찹쌀로 새알처럼 만든 새알심을 넣어 팥죽을 끓이고, 팥의 붉은색이 귀신을 쫓는다고 믿어 각 방과 장독, 헛간 같은 집안 곳곳에 놓아 두었다고 합니다. 동지에 붉은 팥죽을 먹으며 액운을 쫓을 수 있기를 바라는 마음이었을 겁니다. 동지 팥죽은 설탕을 넣어 달게 먹기도 하고, 그냥 먹기도 합니다. 그리고 동지에는 추수한 들깨, 쥐눈이콩, 검은 깨로 강정을 만들어 먹지요. 가을볕에 준비한 묵나물과 찹쌀떡, 인절미, 고구마 등도 이때 먹습니다. 그리고 잘 말린 곶감, 호두곶감말이와 계피차도 동지 음식 중 하나입니다.

소한

1월 6일경

센추위 – 추위는 왜 찾아올까요?

소한은 동지와 대한 사이에 있는 절기로 한겨울 추위가 매섭게 찾아드는 때입니다. 이름으로 보아 대한大寒 때가 가장 추운 것 같지만 실은 소한小寒 때가 한 해 가운데 가장 춥습니다. 그래서 "대한이 소한 집에 가서 얼어 죽는다"라는 말이 있는 것입니다. 추위를 이겨 내면서 어떤 역경도 잘 극복하라고 "소한小寒 추위는 꾸어 가라"고도 했습니다. 예전에는 아침 세수하고 물 묻은 손으로 시골집 무쇠 문고리를 잡으면 얼어붙어 떨어지지 않을 정도로 추위가 거셌지만, 지금은 난방이 잘되기 때문에 추위를 잘 느낄 수 없지요. 또한 지구온난화로 겨울이 예전만큼 춥지 않습니다. 최근에는 소한 추위가 대한 추위보다 덜 추워졌습니다.

소한 초후 5일에는 기러기가 북녘으로 향하고, 중후 5일에는 까치가 집을 짓기 시작하고, 말후 5일에는 꿩이 운다고 했습니다. 소한 때부터 기러기가 떠나기 시작한다는 말인데, 보통은 우수와 경칩 사이에 많이 떠납니다. 까치집은 동지 때도 나온 이야기인데, 아마 잘못 기록된 것 같습니다. 말후 이야기는 날씨가 좀 풀리면서 먼저 꿩이 활동하는 것을 볼 수 있다는 의미입니다. 텃새인 꿩은 겨울에 사냥을 할 정도로 우리 주변에서 흔히 볼 수 있기 때문에 등장한 것으로 보입니다.

2018년 이후 소한에는 미세먼지 경보가 자주 발령되었습니다. 최근 세계 곳곳에서 예측할 수 없는 겨울 날씨가 계속되고 있습니다. 소한 1월 초부터 일일 평균기온 0도 이하로 떨어집니다.

소한 절기살이

매서운 찬바람이 휘몰아쳐
살아 있는 것들을 꽁꽁 얼게 하는
가장 추워야 할 소한 절기인데도
올 겨울은 풀씨 새싹이 다시 날만큼
예년보다 포근한 날씨입니다.

호주에는 지난해부터 계속된
최악의 산불과 엄청난 폭염으로
인류 종말을 보는 듯한 대재앙이 닥쳤습니다.
공포와 두려움의 기후 붕괴가
점점 우리 앞에 다가옴을 느낍니다.

소한 절기는 고요함 속에서
내 안의 소리를 들으며
자신과 자기 삶에 대한 깊은 성찰로
생명력을 강하고 단단하게 만들어
새봄 설렘으로 채워야 할 때입니다.

나는 지금 어떤 모습인지
나다움을 얼마나 찾고 있는지
나는 늘 깨어 살고 있는지
말랑말랑한 열린 마음으로 사는지
나만의 빛과 향기를 만들며 사는지

올해 어떤 씨앗을 뿌려야 할까요?
서로를 기르는 생명의 씨앗
서로를 살리는 사랑의 씨앗
그런 씨앗을 뿌릴 준비를 이제 해야 합니다.

하늘은 항상 때의 기회를 주지만
언제나 기다려 주지 않습니다.
하늘의 때는 미리 알고 준비한 자만이

자기 것으로 만들 수 있습니다.
오늘은 단 한 번밖에 없는 날이고
이번 생은 단 한 번뿐임을 늘 잊지 말아야 합니다.

2020. 1. 6

소한 절기놀이
추위 모셔 오기

동지와 대한 사이에 있는 소한은 가장 추운 '겨울다운 겨울'이라 할 수 있습니다. 소한小寒 때가 한 해 가운데 가장 춥기 때문에 "대한이 소한 집에 가서 얼어 죽는다"라는 말이 있을 정도입니다. 추위를 견디며 어떤 역경도 이겨 내라고 "소한小寒 추위는 꾸어 가라"라고도 했지요. 추위 모셔 오기 놀이를 하면서 겨울 추위의 의미를 생각해 봅시다.

준비물 눈뭉치 모양의 눈볼(많이), 바구니 세 개, 밧줄 세 개
장소 실내·실외 모두 가능
대상 6세 이상

놀이 방법

1 바닥 중앙에 밧줄로 지름 2미터 정도의 원을 만들고 가운데 눈볼(추위)을 담은 바구니를 놓습니다.

2 눈볼(추위) 바구니 양쪽으로 5미터 정도 떨어진 곳에 밧줄로 각각 원을 하나씩 만들고 한 원은 '소한 집', 다른 한 원은 '대한 집'이라 합니다.

3 소한 집, 대한 집에 옆에 각각 빈 바구니를 놓습니다.

4 참가자 중 한 명을 '동장군'이라 하고 가운데 원에 있게 합니다.

5 참가자들을 대한 모둠과 소한 모둠으로 나누고 각각 자기 집에 들어가게 합니다.

6 진행자가 "추위 모셔라"하고 외치면 각자의 집에서 나와서 눈볼(추위)을 주우러 갑니다. 이때 눈볼(추위) 주변에서 지키고 있던 동장군은 원 안에 있다가 눈볼(추위)을 가지러 온 사람을 터치하러 다닙니다. 동장군에게 터치를 당한 사람은 각자의 집에 들어가 앉아서 열까지 세고 다시 눈볼(추위)을 가지러 갑니다(눈볼은 한 사람이 한 개씩만 가져 올 수 있습니다).

7 모둠원 중 제일 먼저 눈볼(추위)을 잡은 사람이 "추위 모셔 가자!"하고 외치면 나머지 사람은 자기 모둠 바구니까지 한 줄로 서서 손과 손으로 눈볼(추위)을 전달하여 자기 바구니에 넣습니다. 그리고 모든 모둠원은 자기 집으로 모였다가 다시 눈볼(추위)을 가지러 갑니다.

8 한 모둠이 눈볼(추위)을 집어서 옮기는 중에도 다른 모둠은 놀이를 계속 진행합니다.

9 바구니에 들어 있는 눈볼(추위)을 모두 가져가면 놀이가 끝납니다.

10 놀이가 끝난 후 어느 모둠이 눈볼(추위)을 많이 모셔 갔는지 세어 봅니다.

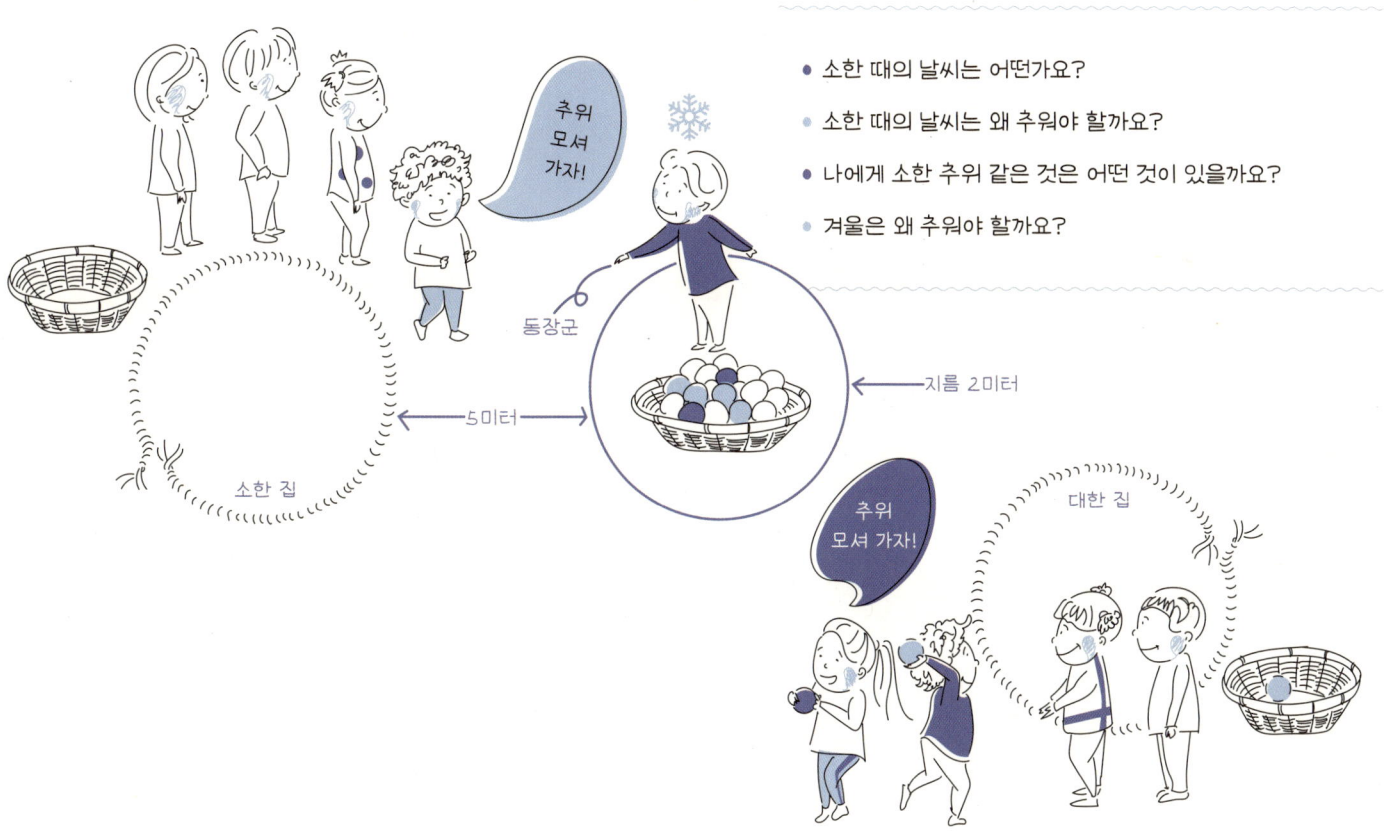

묻고 답하기

- 소한 때의 날씨는 어떤가요?
- 소한 때의 날씨는 왜 추워야 할까요?
- 나에게 소한 추위 같은 것은 어떤 것이 있을까요?
- 겨울은 왜 추워야 할까요?

대한

1월 20일경

끝추위 – 추운 겨울을 어떻게 보내야 할까요?

대한은 입춘부터 시작된 24절기의 마지막 절기입니다. 양력으로는 소한 15일 후부터 입춘 전까지의 절기로 보통 1월 20~21일쯤입니다. 원래 겨울철 추위는 입동에 시작해 소한으로 갈수록 추워지며 대한에 이르러서 가장 거세다고 하지만, 이는 중국의 사정 같습니다. 우리나라에서는 한 해 가운데 가장 추운 시기는 1월 15일쯤입니다. 그래서 "춥지 않은 소한 없고 포근하지 않은 대한 없다", "소한의 얼음 대한에 녹는다"라는 속담도 있습니다. 소한 무렵이 대한 무렵보다 훨씬 춥다는 뜻이지요. 하지만 최근에는 예년과 달리 대한 추위가 소한 추위보다 강했습니다.

예로부터 대한은 24절기의 마지막 절기로 여겼는데, 한 해를 마무리하는 절기는 대한보다 동지로 보는 것이 더 맞습니다. 동짓날 뒤부터는 새로운 해를 맞이하고 봄을 준비하는 시작 절기로 보아야 합니다.

대한 초후 5일에는 닭이 알을 품기 시작하고, 중후 5일의 매는 사납고 빠르며, 말후 5일에는 못의 얼음이 두껍고 단단해진다고 했습니다. 요즘 닭은 양계장에서 1년 내내 알을 낳지만 예전에 마당에서 살던 닭은 큰 추위가 지나야 알을 낳고 병아리를 키우기 때문에 초후 이야기가 된 것 같습니다. 매가 사납게 나는 것은 한겨울 먹이를 찾기 위해서이고, 말후의 이야기는 강추위가 연못 속까지 단단하게 얼게 한다는 의미입니다.

하얀 서릿발이 보인다는 대한에 요즘은 삼한사온 대신 '삼한사미'라는 새로운 말을 하곤 합니다. 삼일은 춥고 사일은 미세먼지가 온다는 뜻입니다. 요즘 추위는 지속 기간이 7일 정도 오래 이어지기도 합니다. 그리고 대한 말후 즈음, 2월 초 남부지방에서 매실나무 개화 소식이 들려옵니다.

대한 절기살이

맹추위인 소한 추위는 사라지고
겨울의 끝이 보이는 대한 절기입니다.

엄동설한의 긴 겨울 속에서
모든 것을 떨구고 맨몸으로 서 있는
나무는 무슨 생각을 하고 있을까요?
언 땅속에서 웅크린 벌레들은
무슨 꿈을 꾸며 살고 있을까요?
나는 무엇을 생각하고 꿈꾸며
이 한겨울을 지내고 있나요?

삶은 매 순간 선택의 시간이지요.
순간의 선택이 일생을 좌우합니다.
후회와 실패로 이어질 선택을 줄이려면
끊임없이 묻고 살아야 할 게 있지요.

나는 내 이름으로 살고 있나요?
나 없는 '우리'라는 이름으로 살고 있나요?
나는 내 질문을 하며 살고 있나요?
남이 만든 정답을 찾아 살고 있나요?
나는 내 기준으로 살고 있나요?
남이 만든 기준으로 살고 있나요?
생각하며 살고 있나요?
생각을 강요당하며 살고 있나요?
오늘이 내 삶의 마지막 날이라면
나는 무엇을 할까요?

때를 알고 미리 준비한 사람만이
때의 주인으로 살아갈 수 있습니다.
겨울 동안 자신과 삶을 깊이 성찰해
대한 절기에는 변화한 새 삶을 보여 주어야 합니다.

2020. 1. 20

대한 절기놀이 1

봄을 기다리는 씨앗

봄에는 꽃이 피어 열매가 맺히고, 여름에는 그 열매를 키웁니다. 그리고 가을에 잘 익은 열매는 겨울 동안 생명을 응축하고 있다가 새봄이 오면 다시 새싹을 틔웁니다. 겨울 동안 열매 안에 있는 씨앗은 단단한 껍질 속에서, 나뭇잎 속에서, 흙속에서 봄을 기다리고 있습니다. 놀이를 하면서 추운 겨울에 봄을 기다리는 씨앗이 되어 봅시다.

준비물 주머니, 밧줄, 다양한 열매(참가자 수만큼),
  큰 천(단단한 열매껍질, 나뭇잎, 흙을 표현할 수 있는 천 또는 침낭)

장소 실내·실외 모두 가능

대상 6세 이상

놀이방법

1 밧줄로 선을 만들고 밧줄로부터 5미터쯤 떨어진 곳에 큰 천(침낭)을 바닥에 놓습니다.

2 밧줄 뒤에 줄을 선 참가자들은 주머니에 들어 있는 열매를 한 개씩 꺼냅니다.

3 진행자는 참가자에게 주머니에서 꺼낸 열매의 씨앗과 나무를 설명해 줍니다.

4 한 명씩 자기 열매를 들고 큰 천(침낭) 안으로 들어갑니다.

5 천(침낭) 안에 들어가 있는 열매에게 땅속에서 겨울을 나는 느낌이 어떤지, 봄이 되면 어떤 씨앗의 싹을 틔울지 상상해 보게 합니다.

6 참가자들이 열까지 세고 '봄이야!'를 외치면 큰 천(침낭) 속에 있던 열매들은 천 밖으로 나와서 각자 열매의 싹의 모습을 취해 봅니다.

7 마지막 참가자까지 진행하고, 한 번 더 하기를 원하면 열매를 바꾸어서 진행해 봅니다.

묻고 답하기

- 겨울에 열매의 씨앗들은 어떤 모습으로 있을까요?
- 추운 겨울 열매의 씨앗들은 누구의 도움을 받을까요?
- 다음 해에 내가 싹 틔우고 싶은 씨앗은 어떤 것이 있나요?

대한 절기놀이 ②
추위가 키우는 씨앗의 힘

겨울이 추운 이유는 열매 속 씨앗이 강한 생명력을 가질 수 있도록 만들기 위해서입니다. 추우면 추울수록 생명력은 강해지고, 그렇게 강해진 생명력은 그리움이 쌓여 봄이 되면 싹을 틔우고 꽃을 피워 열매를 만들어 냅니다. 가장 추운 소한과 대한에 씨앗이 추위를 견디며 봄을 향한 그리움을 키워 가듯 우리도 봄을 그리워하는 마음을 가득 채우며 겨울의 의미를 되새기고, 어떻게 해야 겨울 추위 속에서 강한 생명력을 키울 수 있을지 생각해 봅시다.

준비물 그림카드(추위카드 열 개, 더위카드 스무 개)
장소 실내·실외 모두 가능
대상 6세 이상

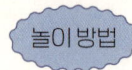
놀이방법

1 참가자 모두는 하나의 '씨앗'이 됩니다.
2 '소한' '대한' 두 모둠으로 나누고 2미터 간격으로 마주 보고 선 다음, 중앙에 그림카드를 뒤집어 놓습니다.
3 모둠별로 왼쪽부터 차례로 나와 가운데서 가위바위보를 합니다. 이긴 사람은 그림카드를 뒤집고, 추위카드가 나오면 진 사람을 자기 모둠으로 데리고 갑니다. 더위카드가 나오면 각자의 자리로 들어갑니다.
4 추위카드가 열 개 나올 때까지 놀이를 진행합니다.
5 마지막에 모둠별로 씨앗이 몇 개 있는지 확인합니다.

묻고 답하기

- 왜 겨울은 추울까요?
- 추위는 어떤 일을 할까요?
- 추위가 없으면 어떻게 될까요?

함께 나누면 좋은
절기 이야기

힌 후 잣을 띄워 마시는 수정과도 좋은 절기음식입니다.

재미있는 절기 속담

"대한이 소한 집에 놀러 갔다가 얼어 죽었다", "소한 얼음 대한에 녹는다"라는 말이 가장 대표적인 소한·대한 속담입니다. 소한 추위가 대한 추위보다 훨씬 강하다는 이야기입니다. 그런데 최근 2~3년 전부터 소한 추위보다는 대한 추위가 강해지고 있어 점점 강추위 시기가 늦어지고 있음을 알 수 있습니다.

기운을 북돋워 주는 절기음식

소한과 대한은 가장 추울 때라 몸을 따뜻하게 해 주는 생강차와 인삼 꿀차로 약해지기 쉬운 면역력을 키워 감기에 걸리지 않게 해 주세요. 비타민이 풍부한 귤도 이 절기에 좋은 음식입니다. 소한·대한 음식으로는 묵나물, 밀싹 샐러드, 고구마, 곶감, 호두 곶감말이 등이 있고, 계피를 푹 끓여 식

놀자 놀자 해랑 놀자
놀이로 배우는 24절기의 지혜

글 강윤자, 박은하, 손종례, 유종반
그림 장서윤

1판 1쇄 펴낸날 2020년 8월 31일
1판 2쇄 펴낸날 2022년 7월 29일

펴낸이	전은정	디자인	studio fttg
펴낸곳	목수책방	제작	야진북스
	출판신고 제25100-2013-000021호		
	대표전화 070 8151 4255		
	팩시밀리 0303 3440 7377		
	이메일 moonlittree@naver.com		
	블로그 post.naver.com/moonlittree		
	페이스북 moksubooks		
	인스타그램 moksubooks		

Copyright ⓒ 2020 강윤자, 박은하, 손종례, 유종반
이 책은 저자 강윤자, 박은하, 손종례, 유종반과
목수책방의 독점 계약에 의해 출간되었으므로
이 책에 실린 내용의 무단 전재와 무단 복제,
광전자 매체 수록을 금합니다.

이 도서는 한국출판문화산업진흥원의
'2020년 우수출판콘텐츠 제작 지원' 사업
선정작입니다.

ISBN 979-11-88806-15-7 (00370)
가격 17,000원

자연과 인간의 공생 그리고
지속가능한 생태계를 꿈꾸는
목수책방의 책

흙의 학교
기무라 아키노리+이시카와 다쿠지 지음
염혜은 옮김 · 2015년 1월 · 13,000원

무농약 무비료로 '기적의 사과'를 만들어 낸 농부 기무라 아키노리가 들려주는 '흙'에 관한 이야기. 흙의 기본 성질은 물론, 그 안에서 미생물이 함께 살아갈 수 있는 환경을 만들어 주기 위해 알아야 할 실용적인 정보들도 만날 수 있다.

2015 여름 '책으로 따뜻한 세상 만드는 교사들' 청소년 추천도서
서울 사는 나무
장세이 지음 · 2015년 5월 · 20,000원

도로 옆, 공원, 궁궐에 터 잡고 우리와 함께 살아가고 있는 나무들에 관한 이야기. 우리 곁의 큰 생명인 나무를 올려다보며 생명 존중과 인간성 회복의 의미를 되새기게 하는 책이다.

식물이 더 좋아지는
식물 이야기 사전
찰스 스키너 지음 · 윤태준 옮김
2015년 8월 · 13,800원

식물에 관한 신화와 전설, 이름에 얽힌 유래 등을 수집해 모은 책으로, 식물에 관한 120가지 이야기가 담겨 있다. 매일 먹는 채소와 과일, 발길을 붙잡는 이름 모를 풀과 나무의 아름다움에 의미가 덧입혀지는 이야기들을 들려준다.

환경정의 선정 2016 올해의 환경책
지금 우리는 자연으로 간다
리처드 루브 지음 · 류한원 옮김
2016년 2월 · 18,000원

자연 결핍 장애, 비타민N 부족으로 고통받는 사람들을 위한 책이다. 저자는 몸과 마음, 가족과 공동체, 사회와 국가가 건강하려면 자연과 '재결합'해야 하며, 자연과 다시 이어져야 건강해지고, 행복해지며, 살아남을 수 있다고 말한다.

2016 한국출판문화산업진흥원
우수출판콘텐츠
엄마는 숲해설가
장세이+장수영 지음
2016년 10월 · 15,000원

숲해설가가 된 글 쓰는 이모와 아이가 '자연스럽게' 자라기를 바라는 엄마가 함께 쓴 친절한 생태놀이·생태공간 안내서. 아이와 함께 최고의 무공해 놀이터인 '자연'에서 쉽고 재미있게 놀 수 있는 방법 60가지를 소개한다.

우포늪, 걸어서
손남숙 지음 · 2017년 3월 · 17,000원

창녕에서 나고 자란 시인이 10여 년 동안 우포늪에 깃들여 사는 생명들을 만나면서 느낀 것들을 글과 사진에 담은 책. 자연과 그 안에서 함께 살아가는 생명들을 사랑하는 방법을 이야기하는 책이기도 하다.

거룩한 똥
인류를 살리는 거름 이야기
진 록스던 지음 · 류한원 옮김
2017년 9월 · 17,000원

가축과 애완동물, 나아가 인간의 배설물을 지혜롭게 이용할 수 있는 방법을 고민하는 이 책은 분뇨가 연결고리가 되어 '거의 완벽하게 지속가능한 순환 시스템'이 구현되는 순간을 꿈꾼다.

작지만 알차게 키우는
소규모 유기농을 위한 안내서
장-마르탱 포르티에 지음 · 박나리 옮김
2018년 1월 · 25,000원

'소규모, 저비용, 저기술'을 특징으로 하며 수익성과 생산성이 높으면서도 '지속가능한 농업'을 추구하는 소규모 유기농이 어떻게 가능한지 실질적인 노하우를 알려 주는 책이다. 소규모 땅에 적용할 수 있는 최적의 농사 기술과 유용한 정보가 담겨 있다.

평화의 산책
생명은 하나입니다
김성란(노을공원 시민모임) 지음
2018년 1월 · 12,000원

옛 난지도 땅에서 생명의 숲을 꿈꾸는 사람들의 이야기. 저자는 노을공원시민모임이 자원봉사자들과 함께 수 년간 해 온 '100개숲만들기'를 비롯한 다양한 활동을 되짚으며 활동의 의미와 가치를 정리한다.

단순하지만 충만한, 나의 전원생활
벌린 클링켄보그 지음 · 황근하 옮김
2018년 5월 · 22,000원

제2의 헨리 데이비드 소로라 불리는 저자가 뉴욕 업스테이트 지역의 작은 농장에서 11년 동안 쓴 전원일기. 《뉴욕타임스》에 기고한 '시골생활'을 주제로 한 칼럼을 엄선해 엮은 책으로, 무뎌진 삶의 감각을 깨우는 아름다운 문장이 이어진다.

생명의 정원
세계 최고의 정원디자이너 메리 레이놀즈가 알려 주는 야생 정원 만들기의 모든 것
메리 레이놀즈 지음
김민주+김우인+박아영 옮김
2018년 7월 · 29,800원

땅을 건강하게 회복시켜 땅과 인간이 다시 연결되어 협력하며 생명의 '숲정원'을 만들 수 있지 알려 주는 책이다. 정원을 가꾸는 일이 자연과 친밀한 관계를 맺는 일임을 강조하며, 우리의 삶과 땅을 깨우는 '새로운' 정원디자인의 세계로 이끌어 준다.

2020 우수환경도서
홀로 서지 않기로 했다
지속가능한 삶을 위한 세계 일주
조수희 지음 · 2019년 3월 · 17,000원

지금까지와는 '다르게' 살고 싶다는 꿈을 품은 청년이 357일간 떠난 세계 일주 이야기. 저자는 '지속가능한 삶'을 테마로 세계 곳곳을 돌며 여러 공동체와 돈보다 다른 가치를 삶에서 추구하며 살아가는 사람들을 만나 '함께 해서 행복한 삶'을 살기 위한 용기와 지혜를 얻었다.

2019 세종도서 교양부문 선정
서울 화양연화
김민철 지음 · 2019년 4월 · 18,000원

주변에서 흔히 볼 수 있는 식물에 관한 흥미로운 이야기들이 담겨 있다. 저자는 독자들이 쉽고 재미있게 식물에 다가갈 수 있도록 한국 소설에서 주요 소재 또는 상징으로 나온 꽃을 찾아 이야기를 풀어 가는 작업을 하고 있다. '식물 초보자'를 위한 훌륭한 안내서다.

놀이는 쓸데 있는 짓이다
작업치료사가 전하는 아이의 미래를 바꾸는 놀이의 힘
앤절라 핸스컴 지음 · 오필선 옮김
2019년 7월 · 17,000원

바깥(자연)에서 하는 활동적인 자유 놀이, 어른들의 간섭 없이 이루어지는 '바깥 놀이'야말로 아이들의 감각과 운동 기능 발달을 촉진하는 것은 물론이고 사회-정서적인 기술과 창의성 발달에도 결정적인 영향을 끼친다는 사실을 경험적·이론적 근거를 제시하며 설명하는 책이다.

2019 한국출판문화산업진흥원 출판콘텐츠 창작 지원 사업
나무, 이야기로 피어
손남숙 지음 · 장서윤 그림
2019년 9월 · 17,000원

우리 곁의 나무와 그 나무에 깃들여 사는 수많은 생명들을 애정 어린 눈으로 바라보며 살아가는 시인이 써내려 간 나무 에세이. 특정 장소에 뿌리 내리고 사는 나무의 몸에 새겨진, 누군가의 소소하지만 의미 있는 삶의 이야기를 들려준다.

서울 골목길 비밀정원
동네 동산바치들이 만든 소박한 정원 이야기
김인수 지음 · 2019년 11월 · 20,000원

오직 자연과 식물을 사랑하는 마음으로 자발적으로 만들어지고 유지되는 동네 동산바치들의 소박하고 우아한 정원이 이 책의 주인공이다. 오랜 세월 이어지는 소시민들의 생활밀착형 정원이야말로 서울을 숨 쉬게 하는 아름답고 오래된 미래의 정원이다.

자연정원을 위한 꿈의 식물
피트 아우돌프+헹크 헤릿선 지음
오세훈+이대길+최경희 옮김
2020년 6월 · 35,000원

'새로운 여러해살이풀 심기 운동'을 일으킨 두 명의 선구적인 정원 디자이너가 함께 쓴 여러해살이풀 안내서다. 여러해살이풀들을 이용해 생명력 넘치는 아름다운 '자연정원'을 만들려는 이들에게 영감과 도움을 주는 책이다.

2020 한국출판문화산업진흥원
출판콘텐츠 창작 지원 사업
잘 버리면 살아나요
지구를 구하는 분리배출 생활을 위한 50가지 질문
손영혜 지음 · 2020년 10월 · 16,000원

50가지 질문과 대답으로 알아보는 올바른 쓰레기 분리배출의 모든 것! 줄이고, 다시 사용하고, 재활용하는 일을 넘어서 썩지 않는 쓰레기가 '제3의 자원'으로 새로운 가치를 부여받을 수 있도록, 지금 내가 할 수 있는 일들을 알려 주는 책이다.

정원 잡초와 사귀는 법
오가닉 가든 핸드북
히키치가든서비스 지음 · 양지연 옮김
2020년 12월 · 20,000원

해롭고 성가신 존재로 취급받는 '잡초'를 건강한 생태계를 위한 중요한 동료로 바라보게 해 주며, 정원 식물에 기대어 사는 다양한 생명들과 함께 공존하며 건강하고 아름다운 정원을 만드는 법에 관한 실용적이고 풍부한 정보를 제공하는 책이다.

슬로뷰티,
삶을 바꾸는 비건화장
김희성 지음 · 2021년 4월 · 17,000원

저자는 화장품을 바꾸는 일이 삶과 세상을 바꿀 수 있다고 주장한다. 슬로뷰티의 핵심은 몸과 마음, 영혼까지도 돌보는 전인적인 셀프 케어라고 강조하는 이 책은 '자연이 일상화된 삶'을 살기 위한 다양한 '피부 채식' 노하우를 제안한다.

2021 한국출판문화 산업진흥원 출판콘텐츠
창작 지원 사업
자연을 사랑하는 법
이순우 지음 · 2022년 1월 · 20,000원

수십 년간 자연을 향한 자신의 사랑을, 볼 때마다 느끼는 경이로움과 신비함을 표현하기 위해 색연필과 펜을 든 한 아마추어 자연주의자의 순수한 자연 사랑이 담긴 글과 그림의 기록이다.

정원도시 부여의
마을 동산바치 이야기
김인수+김혜경 지음
2022년 3월 · 25,000원

정원도시 부여에서 만난 동네 동산바치들의 소박하고 아름다운 정원 이야기를 담은 책. 개인의 식물 가꾸기가 어떻게 마을 공동체에 영향을 주는지도 보여 주며, 부여가 자랑하는 소중한 생태·문화자산 정보도 소개한다.

후멜로
피트 아우돌프의 삶과 정원
피트 아우돌프+노엘 킹스버리 지음
최경희+오세훈 옮김
2022년 7월 · 38,000원

네덜란드 시골 마을 후멜로에서 시작하여 세계적인 식물·정원전문가로 성장한 피트 아우돌프가 지나온 삶의 여정을 살피며, 그가 선구적 역할을 한 여러해살이풀 중심의 자연주의 식재 트렌드가 어떻게 변화해 왔는지도 함께 돌아본다.